Wolfgang Hensel

120 populäre Gartenirrtümer und wie man sie vermeidet

Wolfgang Hensel

120 populäre Garten Irrtümer

und wie man sie vermeidet

Cartoons von Friedrich Werth

KOSMOS

Mit 47 Schwarzweiß-Cartoons und Vignetten
von Friedrich Werth, Horb

Umschlaggestaltung von eStudio Calamar
unter Verwendung einer Illustration von Susanne Straßer,
München.

Unser gesamtes lieferbares Programm und viele
weitere Informationen zu unseren Büchern,
Spielen, Experimentierkästen, DVDs, Autoren und
Aktivitäten finden Sie unter **www.kosmos.de**

FSC www.fsc.org
MIX
Paper from responsible sources
FSC® C084279

Gedruckt auf chlorfrei gebleichtem Papier

3. Auflage

ISBN 978-3-440-12689-9
Redaktion: Carolin Küßner
Gestaltungskonzept: eStudio Calamar
Printed in Slovakia, Imprimé en Slovaquie

VORWORT

Der vermutlich bekannteste Gartenirrtum ist der Spruch vom „grünen Daumen“, den man besitzt oder eben auch nicht. Leider gibt es keine einfache, naturwissenschaftliche Erklärung dafür, warum es bei manchen Gartenbesitzern üppig grünt und blüht, bei anderen jedoch jede Anstrengung fehlzuschlagen scheint – aus diesem Grund wird man die fatalistische Weisheit vom grünen Daumen auch nicht in diesem Buch finden. Andererseits kennen wir alle die vielen Faustregeln, Merksätze oder guten Tipps, die man bei Großeltern, Eltern oder Bekannten aufgeschnappt hat. Wie so oft im Leben sind es gerade diese Informationen mit sehr diffusem Wahrheitsgehalt, die sich scheinbar unauslöschlich ins Gedächtnis prägen. Um diese „Wahrheiten“, die sich – Unmengen von Gartenzeitschriften und -büchern zum Trotz – offenbar nicht ausrotten lassen, geht es in diesem Buch. Einige von ihnen kann man eindeutig in das Reich der Fabeln verweisen, bei anderen muss man zumindest einen wahren Kern konstatieren. Ob wirkliche Irrtümer oder Halbwahrheiten, wo immer es in diesem Buch um handfeste Fehler geht, enden die Texte mit Hinweisen darauf, wie man es besser machen kann.

Wenn es mir gelungen ist, Gartenneulinge wie alte Hasen (auch die mit dem grünen Daumen, die ohnehin schon alles wussten) zum Nachdenken und Schmunzeln, zum Ausprobieren und Nachahmen zu bringen, dann hat dieses Buch seinen Zweck erfüllt. Zum Abschluss möchte ich den zahlreichen Teilnehmern meiner Gartenkurse, meinen Bekannten und Freunden danken, die mich – meist ohne es zu ahnen – mit den erforderlichen Irrtümern „gefüttert“ haben; zu danken habe ich auch den überaus rührigen Mitarbeitern des Franckh-Kosmos Verlages, denen immer noch ein Irrtum eingefallen ist.

Wolfgang Hensel

AGAVEN gehören zu den Kakteen. Agaven sind Pflanzen der Wüsten, Trockengebiete und Hochgebirge, sie haben dicke, fleischige Blätter mit spitzen Fortsätzen und ein überaus exotisches Aussehen – wie Kakteen. Sie kommen natürlicherweise von Nord- bis Südamerika vor – ebenfalls wie Kakteen. Als Anpassung an trockene Standorte sind die inneren Blattgewebe zu Wasserspeichern umgeformt – diese Eigenschaft teilen sie allerdings nicht nur mit Kakteen, sondern mit zahlreichen anderen Sukkulenten auf der ganzen Welt.

Nun sind die strengen Systematiker unter den Botanikern weder an puren Äußerlichkeiten noch ökologischen Parallelen interessiert; was zählt, sind harte, verwandtschaftliche Gemeinsamkeiten – und da trennen sich die Wege zwischen Kakteen und Agaven: Die rund 200 Arten der Gattung Agave gehören zu einer eigenen Familie (Agavengewächse). Charakteristisch für alle Agaven ist ihr rosettenartiger Wuchs, das heißt ihre Blätter entspringen rund um einen gestauchten Spross. Alle Arten sind immergrün und viele sterben ab, nachdem sie geblüht und gefruchtet haben. Dornen haben Agaven übrigens auch keine – im Unterschied zu den Kakteen. Die Spitzen an ihren Blättern wachsen direkt aus der äußeren Hautschicht aus, sind also keine umgewandelten Organe (das wären Dornen), sondern Stacheln.

Im Garten lassen sich diese exotischen und sehr markanten Gewächse nur dann erfolgreich halten, wenn man ihnen ein frostfreies Winterquartier bieten kann, denn Agaven gehen bei Temperaturen unter 0°C ein. Etwas widerstandsfähiger, wenn auch immer noch frostgefährdet, sind die Palmlilien *(Yucca)*, die zur selben Familie gehören. Sie werden in mehreren Arten angeboten und geben sehr dekorative Kübelpflanzen ab.

Wenn der Gartenteich voller ALGEN ist, muss man das Wasser austauschen.

Das leidige Problem der Algen kennt wohl jeder, der einmal versucht hat, einen Gartenteich anzulegen. Und vielleicht waren es auch diese winzigen Einzeller und ihre fädigen Verwandten, die den schönen Traum von einer üppig blühenden Teichlandschaft zum Platzen brachten? Wie kommt es eigentlich zu einer Algenblüte und vor allem: Wie wird man sie wieder los? Um es gleich zu sagen, sicher nicht durch Wassertausch, denn das wäre sogar kontraproduktiv!

Nachdem die Teichgrube ausgehoben, Folie oder Fertigteich verlegt und der Rand gestaltet wurde, wartet niemand, bis Regenwasser den Teich füllt – Gartenschlauch und nährstoffreiches Leitungswasser sind das Mittel der Wahl. Kaum ist das Wasser eingefüllt, vermehren sich die mikroskopisch kleinen Blaualgen (eigentlich handelt es sich dabei um Bakterien) sowie Kiesel- und Grünalgen explosionsartig. Das Wasser färbt sich zunächst grün und wird trübe, später kommen noch die hartnäckigen Faden- und Netzalgen hinzu, die dichte Teppiche bilden können.

Wer jetzt bereits aufgibt und neues Wasser einfüllt, sollte seinen Teich besser wieder zuschütten – Geduld ist gefragt. Natürliche Fressfeinde und abnehmender Nährstoffgehalt des Wassers drängen die Algen bald etwas zurück. Spätestens im nächsten Frühling, wenn die Nährstoffe aus dem Teichgrund mobilisiert werden, kann erneut eine Algenblüte auftreten – immer noch Geduld bewahren! Bei den meisten Teichen stellt sich nach zwei bis drei Jahren ein Gleichgewicht ein, mit dem man als Teichbesitzer leben sollte.

Allerdings kann es vorkommen, dass sich die Fadenalgen auch weiterhin hartnäckig vermehren, dann darf man

seine Geduld durch gezielte Maßnahmen belohnen: Tauschen Sie auf keinen Fall das Wasser aus, sondern säuern Sie es mit Torf („Torfsäckchen") oder anderen Produkten aus dem Fachhandel an. Prüfen Sie in diesem Zusammenhang auch, ob Sie kalkhaltiges Gestein als Dekorationsmaterial verwendet haben – tauschen Sie es aus, damit nicht ständig neue Nährstoffe ins Wasser geschwemmt werden.
Wer den Anpreisungen der entsprechenden Firmen vertraut, darf auch Produkte in den Teich einbringen, die die Nährstoffe im Wasser reduzieren. Um die Nahrungsgrundlage für die Algen des nächsten Jahres zu entfernen, ist es sinnvoller, die Algen regelmäßig abzusammeln und Uferpflanzen einzusetzen, die viele Nährstoffe verbrauchen: Geeignet sind Binsen, Froschbiss, Nadelsimse, im Wasser Krebsschere und unter Wasser Hornblatt. Übrigens: Fische fressen, mit Ausnahme der sehr großen Graskarpfen, keine Fadenalgen.

Die ÄPFEL in Nachbars Garten gehören alle nur ihm.

Wenn man den Statistiken Glauben schenken möchte, leben manche Anwaltskanzleien herrlich und in Freuden von nachbarlichen Streitereien. Besonders beliebt ist die Frage: Wem gehört was? Konstruieren wir hierzu ein keineswegs abwegiges Beispiel, das in der Juristensprache als „Überfall" (§ 911 BGB) bezeichnet wird: Ein stattlicher Apfelbaum, der herrliche Früchte trägt, streckt einen seiner Äste ein paar Meter weit über Nachbars Grundstück.

Glaubt dieser fest an die Lufthoheit über seinem Garten und pflückt die fremden Früchte, verstößt er gegen das Gesetz. Denn solange die Äpfel noch am Baum hängen, gehören sie dem Eigentümer des Baumes. Nun darf der seinerseits aber nicht einfach ein fremdes Grundstück betreten, um seine eigenen Äpfel zu ernten – das geht nur mit Erlaubnis des Nachbarn (der mit der Lufthoheit).
Clevere Baumbesitzer haben daher einen langstieligen Apfelpflücker mit Fangsäckchen und angeln sich ihre Früchte vor den Augen des Nachbarn vom Baum – provozierend, aber legal.
Sobald der Apfel jedoch seinen Halt verliert und zu Boden fällt, gehört er dem Besitzer des Bodens. Wenn der Baumbesitzer nun das nachbarliche Grundstück betritt, um „seinen" Apfel aufzulesen, begeht er sogar einen Diebstahl.

Es ist übrigens nicht erlaubt, dem Fallobst durch kräftiges Schütteln des Astes auf die Sprünge (bzw. den eigenen Boden) zu helfen! Aber wahrlich gibt es auch bei diesem Gesetz eine Ausnahme: Sollte der Ast über öffentlichem Grund zu Boden fallen, etwa auf den Grünstreifen neben einem Gehweg, bleibt er Eigentum des Baumbesitzers.

ASSELN sind Pflanzenschädlinge.

Zugegeben, Asseln gehören nicht gerade zu den Sympathieträgern: Sie sind klein, krabbeln auf kurzen Beinchen umher und scheinen sich nur dort wohl zu fühlen, wo wir uns nicht wohl fühlen, nämlich dort, wo es düster, feucht und modrig ist. Offenbar verkörpern sie Eigenschaften, die wir Menschen intuitiv ablehnen; wenn sich solche Geschöpfe im Garten tummeln, müssen sie einfach schädlich sein. Mit Vorurteilen werden wir dieser Tiergruppe, die keineswegs zu den

Insekten gehört, sondern eine eigene Ordnung innerhalb der Krebstiere bildet, aber nicht gerecht.

Zunächst sollte man ihr beinahe biblisches Alter würdigen. Als die ersten Asseln in der Trias (vor 248 bis 213 Millionen Jahren) auftauchten, war an Säugetiere noch nicht einmal zu denken. Es ist also kaum verwunderlich, dass eine derart alte, erfolgreiche Tiergruppe viele ökologische Nischen besetzt. Die heute bekannten, rund 8.000 Asselarten kommen wirklich überall vor, von der Tiefsee bis zur Küste, von trockenen Halbwüsten bis in ewig dunkle Höhlen, von den eisigen Höhen der Gebirge bis in die Tundra – und eben auch in unseren Gärten, wo sie reichlich Nahrung finden.

Wie bei den meisten Landasseln sind die beinartigen Auswüchse am Hinterleib der Gartenasseln, die bei ihren Vorfahren noch Kiemen trugen, zu Atmungsorganen umgewandelt. Asseln halten sich bevorzugt in der Rotteschicht des Bodens oder im Kompost auf, wo sie die Reste organischen, vorzugsweise pflanzlichen Materials zerkleinern. Zusammen mit Bakterien, Pilzen und tierischen Zersetzern bilden sie daher ein wichtiges Glied in der Kette des biologischen Stoffkreislaufes. Dass sie gelegentlich ein Pflänzchen im Gemüsegarten anknabbern, sollten wir tolerieren – der Schaden steht in keinem Verhältnis zu ihrem Nutzen.

Die Zahl der Asseln im Beet sinkt übrigens drastisch, wenn man darauf achtet, ihnen dort keine Nahrung, wie faulende Pflanzenteile oder morsche Stützpfähle, anzubieten.

BALDRIANPFLANZEN

locken Katzen an. Der Zusammenhang zwischen dem Baldrianduft und seiner anziehenden Wirkung auf Katzen ist sprichwörtlich. Während wir uns von der beruhigenden Wirkung des entspannenden Heilkrautes in den Schlaf wiegen lassen, scheinen einige Katzen verrückt zu spielen, wenn sie Baldrian riechen.

Verantwortlich für die Heilkraft des Baldrians ist ein ganzer Cocktail aus Wirkstoffen, die alle in der Wurzel enthalten sind. Interessant für Katzen ist vor allem die Duftnote der Isovaleriansäure und ihrer Abkömmlinge, die Kater in gesteigerte Hochzeitsstimmung versetzen. Allerdings duftet eine Baldrianpflanze im Garten zu schwach, um die sprichwörtlichen Scharen männlicher Katzen anzulocken, da der charakteristische Geruch von Baldrian erst dann entsteht, wenn die Wurzeln getrocknet werden.

Wer dennoch ganz sicher gehen möchte und nicht auf selbst geerntete Baldrianwurzeln verzichten mag, sollte daher unbedingt darauf achten, dass die Baldrianwurzeln stets mit Erde bedeckt bleiben, denn ein freiliegendes, von der Sonne gedörrtes Wurzelstück kann durchaus dieselbe Wirkung haben wie ein paar Tropfen Baldriantinktur. Wenn Sie Ihrer Katze etwas wirklich Gutes tun wollen, sollten Sie ihr ein Fleckchen mit Katzenminze bepflanzen. Viele Katzen lieben diesen Duft und wälzen sich gerne in den frischen Pflanzen – allerdings auch die Katzen der Nachbarn.

Ein alter BAUM lässt sich nicht mehr verpflanzen. Ob ältere Menschen wirklich so unflexibel sind, wie das Sprichwort andeutet, ist mehr als fraglich. Bei echten Bäumen kommt es ausschließlich auf den Aufwand an, den man betreiben müsste – verpflanzen kann man sie aber noch im hohen Alter.

Ein ungestört wachsender Baum bildet ein Wurzelwerk aus, das mit dem Kronenwachstum Schritt hält. Aus den feinsten Verästelungen wachsen die Wurzelhaare aus; nur sie können Wasser aufnehmen.

Die Gesamtlänge der Wurzeln eines mittelgroßen Baumes beträgt etwa 1200 km (das entspricht ungefähr der Entfernung von Marseille bis Hamburg), mit einer Wasser aufnehmenden Fläche von mehreren 1000 Quadratmetern. Baumschulen, die ihre Produkte ja verkaufen wollen, umgehen das Problem des riesigen Wurzelvolumens, indem sie die Bäume regelmäßig umpflanzen und beschneiden. So bleibt der Wurzelballen kompakt und lässt sich leicht ausgraben.

Bevor man einen Gartenbaum umpflanzen darf, muss sein Ballen daher erst kleiner und kompakter werden. Dazu zieht man einen ringförmigen Graben um den Baumstamm, der bis in die Tiefe eventueller Pfahlwurzeln reicht (Durchstechen der Wurzeln). Der stehen gebliebene Ballen wird mit starkem Maschendraht umhüllt und der Graben mit lockerer Erde gefüllt. In diese

wachsen neue Feinwurzeln ein, die dem umgepflanzten Baum später das Überleben sichern.
Nach zwei bis drei Jahren zieht man einen neuen Graben außerhalb des alten und sichert den Ballen. Je nach Größe des Baumes kommen nun Kraft- oder Hebemaschinen zum Einsatz und der Baum wird an den neuen Standort transportiert. Für sehr große, wertvolle Bäume, bei denen sich ein entsprechender Aufwand lohnt, setzen Spezialfirmen so genannte Großbaum-Verpflanzungsgeräte ein. Ob dieser Aufwand allerdings wirklich erforderlich ist, muss jeder selbst entscheiden – möglich ist (fast) alles.

Auf meinem eigenen Grundstück darf ich so viele BÄUME fällen wie ich möchte.

Dieser Spruch erinnert stark an die *My-home-is-my-castle*-Mentalität der Briten oder die Wildwest-Einstellung der ersten amerikanischen Siedler, die bereit sein mussten, ihren Grund und Boden mit der Waffe zu verteidigen – ganz so extrem sind deutsche Gärtner glücklicherweise nicht.

In der Bundesrepublik Deutschland existieren eine Reihe von Gesetzen und Verordnungen, die den Baumbestand (Sträucher nur sehr selten) ausdrücklich schützen. Juristisch wird damit die freie Verfügungsgewalt über bestimmte Bestandteile des eigenen Grundstücks aus der Hand des Besitzers an die Gemeinde übertragen. Grundlage dieser so genannten „Baumschutzverordnungen“ ist das Bundesnaturschutzgesetz. Es ermächtigt die Gemeinde, Schutzgebiete auszuweisen und Grenzwerte für schützenswerte Bäume festzulegen (solche Verordnungen wurden allerdings nicht von allen Gemeinden erlassen). Dabei hat die Gemeinde einen relativ weiten Spielraum: Sie darf nicht nur das Fällen bestimmter Bäume verbieten, die Vorschriften erlauben ihr auch, Sanktionen bei Beschädigung eines Baumes zu verhängen.

Sollte auf Ihrem Grundstück ein „störendes“ Gehölz wachsen, legen Sie also keinesfalls selbst Hand an oder rufen nach dem Profi mit der Kettensäge! Klären Sie zunächst die Rechtslage, denn die Geldstrafen für illegales Fällen sind empfindlich hoch. Obwohl die Verordnungen von Ort zu Ort variieren, haben doch alle gemeinsame Grundzüge: Nur in seltenen Fällen werden fremdländische Gehölze geschützt (zum Beispiel besonders große oder prachtvolle Einzelexemplare). Bei heimischen Arten sind gewöhnlich Grenzwerte festgelegt: meist gilt der Stammumfang oder -durchmesser in einem Meter Höhe als Maßstab. Schließlich sehen alle Baumschutzverordnungen Ausnahmen und Härtefälle vor. So darf voraussichtlich eine alte, geschützte Eiche, die nach einem Blitzeinschlag zu Gefahr für Haus und Leben wurde, gefällt werden. Oberstes Gebot für einen Gartenbesitzer sollte aber sein, alte Gehölze zu bewahren, denn es gibt kaum etwas Schöneres, als im Schatten eines ehrwürdigen Baumes zu sitzen.

BAUMRINDE ist ein preiswerter und guter Mulch. Rindenmulch stammt üblicherweise aus Sägewerken oder direkt aus dem Wald, wo moderne Holzbearbeitungsmaschinen Zweige und Rinde automatisch vom Stamm abschälen. Hardliner unter den Ökologen fordern übrigens, die Rinde im Wald zu belassen, wo sie wieder in den natürlichen Nährstoffkreislauf einfließt, was in der Tat – allerdings mehr aus Kostengründen denn aus ökologischer Einsicht – häufig auch geschieht. Nach der Kennzeichnungspflicht besteht „Rindenmulch" aus zerkleinerter, naturbelassener Nadelholzrinde ohne weitere Zusätze. Was den Preis angeht, kann man sich wohl kaum beschweren, denn Rindenmulch wird häufig im Rahmen von Sonderaktionen regelrecht verramscht. Aber wie sieht es mit dem Nutzen und den Konsequenzen für den verantwortungsvollen Gärtner aus?

Sehr grob zerkleinerte Rinde (Sonderangebote im Baumarkt!) eignet sich nur eingeschränkt als Mulchmaterial für Beete. Sie verrottet viel zu langsam, ist häufig feucht und mit Pilzen befallen und passt bestenfalls unter Hecken- oder im Hintergrund stehende Ziersträucher. Allerdings ist sie als preiswerter Wegbelag für naturnahe Gärten durchaus geeignet.

Etwas günstiger sieht es mit dem teureren, feiner zerteilten Rindenmulch aus. Er darf unter alle Säure liebenden Sträucher (Rhododendren, Azaleen, Heiden, Beerensträucher) oder als Torfersatz aufs Moorbeet. Hier zeigt sich das Kernproblem von kommerziellem Rindenmulch: Da er von Nadelgehölzen stammt, liegt sein pH-Wert zwischen 3,5 bis 4,5. Der Boden wird also langfristig angesäuert, was nicht alle Pflanzen vertragen. Außerdem enthält Rindenmulch relativ wenig Stickstoff im Verhältnis zu viel Kohlenstoff (weites C:N-Verhältnis), der Boden sollte also zusätzlich mit einem Langzeit-Stickstoffdünger versorgt werden.

Drittens sind neben der eigentlichen Rinde häufig auch harzreiche Holzspäne enthalten, deren Inhaltsstoffe das Wachstum von Pflanzen unterdrücken können (was im Bezug auf Unkräuter durchaus erwünscht ist). Schließlich kommt es leider immer noch in Einzelfällen vor, dass mit Schadstoffen belasteter Rindenmulch angeboten wird, da man früher Lindan-haltige Mittel (krebserregende Insektizide) massiv gegen Borkenkäfer eingesetzt hat.

Wer ganz sicher gehen möchte, der sollte sich seinen eigenen Rindenmulch aus gehäckselten Zweigen und Rinden von Laubgehölzen selbst herstellen, etwas antrocknen lassen und auf den Beeten verteilen.

Alle BEERENSTRÄUCHER tragen Beeren.

In jedem Gartenkatalog und in jeder Gärtnerei werden unter dem Stichwort „Beerensträucher" oder „Beerenobst" Gehölze angeboten, die essbares Obst tragen. Neben den Erdbeeren, die traditionell zum Beerenobst gezählt werden, sind dies vor allem Brombeeren, Himbeeren, Johannisbeeren, Stachelbeeren, Heidelbeeren und Preiselbeeren, dazu noch einige Zuchtsorten.
Beeren sind aus botanischer Sicht Schließfrüchte, deren Samen von einer fleischigen Hülle umgeben werden. Somit gehören Erdbeeren, Brombeeren und Himbeeren gar nicht zu den Beerenfrüchten. Sie sind vielmehr Sammelfrüchte, die in jeder kugeligen Teilfrucht Samen enthalten: Erdbeeren sind Sammelnussfrüchte, Brombeere und Himbeere Sammelsteinfrüchte.
Dagegen muss man sich allerdings aus dem Angebot der Baumschulen viele echte Beerensträucher mühselig heraussuchen, da sie nicht als solche gekennzeichnet werden. Ihre ungenießbaren Früch-

te eignen sich wunderbar als Schmuck für den Herbst, wenn sie die Schaufunktionen der Blüten übernehmen. Beispiele wären unter anderem Berberitze, Efeu oder Geißblatt, während wiederum andere, scheinbar typische Beerensträucher, wie Schlehen oder Holunder, in Wirklichkeit Steinfrüchte tragen.

Um der babylonischen Sprachverwirrung bei den Beeren die Krone aufzusetzen: Tomaten, Paprika, Gurken oder Kürbis sind an sich nun wieder echte Beeren – wenn auch keine Sträucher, sondern Gemüse.
Für die beiden Letzteren haben Botaniker wegen der harten Schale den Namen „Panzerbeere“ geprägt.

Nur ein gut geharktes BEET sieht ordentlich aus.

Diese alte Gartenweisheit bekommt man gewöhnlich von wohl meinenden Nachbarn über den Gartenzaun zu hören, meist in der Form: „Sie könnten Ihr Beet aber auch mal wieder harken, so unordentlich wie das aussieht.“ Hier geht es jedoch weniger um die beinahe garten-philosophische Frage, was denn nun eigentlich „ordentlich“ und was „unordentlich“ ist, als vielmehr um die grundsätzliche Auswirkung der Bodenlockerung.
Was genau geschieht beim Harken eines Beetes? Die Zinken der Harke, des Grubbers oder Sauzahns reißen die Bodenteilchen der obersten Schicht auseinander. Dadurch bildet sich ein größeres Porenvolumen, das heißt es entstehen mehr Zwischenräume. Der Boden wird so besser durchlüftet und keimende Unkräuter werden zerstört – das sind die positiven und erwünschten Effekte. Als wichtigen Nebeneffekt unterbricht die Harke jedoch auch das feine Netz der Bodenkapillaren, in denen das Wasser aufsteigt und verdunstet. Solche

Kapillaren wirken etwa wie ein Strohhalm im Trinkgefäß: Die Sonnenhitze „saugt“ das Wasser hoch und trocknet den Boden aus. Die sich nun anschließenden Prozesse sind allerdings weniger erwünscht: Die nackte, lockere Erde wirkt auf Unkrautsamen wie eine Einladung; hier finden sie ideale Bedingungen vor. Regen und Wind können feinste, lockere Bodenteilchen abtransportieren und die Sonne backt den Rest zu einer festen Kruste zusammen. Ein Graus für jeden Gärtner.

Der Ausweg aus diesem Dilemma heißt Mulchen. Wird der Boden nach dem Lockern mit pflanzlichem Mulch abgedeckt, bleibt die positive Wirkung des Lockerns erhalten, während die negativen Folgen vermieden werden. Decken sie die Ratschläge des Nachbarn also ruhig mit dem Mulch Ihres biologischen Verständnisses zu und gönnen Sie Ihrem Beet eine gesunde, natürliche, wenn auch „unordentliche“ Abdeckung – nach dem Harken.

BIOGÄRTEN machen wenig Arbeit. Die Grundidee erscheint unmittelbar einleuchtend: In der Natur wächst alles von alleine, also warum nicht auch im Garten alles der Natur überlassen? Wer jedoch glaubt, sich vor Gartenarbeit drücken zu können, indem er „alles“ auf Bio umstellt, träumt einen unerfüllbaren Traum. Unsere Gärten sind eben keine Natur, sondern künstlich angelegte und zudem

recht kleine Lebensräume. Natürlich könnte man ein paar Jahrzehnte warten, dann würde sich eine standortgemäße Vegetation einstellen, die allerdings ästhetisch nur selten überzeugend sein dürfte. Bis dahin würden sich vor allem Pionier- und Ruderalpflanzen (Pflanzen, die auf stickstoffreichen Schuttplätzen gedeihen) in unserem Garten wohlfühlen – was eine höfliche Umschreibung für Unkraut wäre.

Ein Biogarten bzw. ein naturnah bewirtschafteter Garten ist aber viel mehr. Er ist immer noch „künstliche Natur", in der jedoch eine bunte Mischung an Zier- und/oder Nutzpflanzen wächst. Anders als im klassischen Garten wird der Boden eines Biogartens aber nicht ausgelaugt und mit mineralischem Dünger wieder aufgepäppelt, es werden keine Schädlinge weggespritzt und auch keine Zierblumen-Monokulturen angelegt. Um das heikle Gleichgewicht zwischen Bodengesundheit und Pflanzenwuchs, Nährstoffverbrauch und Ernte zu erhalten, ist im Biogarten in der Tat sogar deutlich mehr Arbeit erforderlich (regelmäßiges Lockern, Mulchen, Kompost pflegen...) als im pflegeleichten Einheitsgarten mit Standardrasen, Randbeeten und dem regelmäßigen Griff in den praktischen Düngerbeutel.

Im **BIOGARTEN** braucht man keinen Dünger.

Wer unter Dünger die praktischen, blauen Körnchen versteht, die unter hohem Energieverbrauch in der Fabrik hergestellt werden und deren Packungshinweise wahre Wunderdinge versprechen, der kann diesen Satz ruhig mit „Stimmt!", abtun. Allerdings beruht die pauschale Verteufelung von Düngern auf einem Missverständnis, denn eines ist klar: Alle Pflanzen brauchen Nährstoffe – Dünger eben.

In natürlichen Lebensgemeinschaften sind alle Pflanzen, Tiere, Pilze und Mikroorganismen in Nährstoffkreisläufe eingebunden, das heißt standortgerechte Pflanzen verbrauchen nicht mehr „Dünger“, als durch Verwitterung beziehungsweise die Zersetzer nachgeliefert wird. Im Garten unterbrechen wir diese Kreisläufe, beispielsweise weil wir ernten, Pflanzen beschneiden, Stauden ausgraben. Wir entnehmen also Biomasse, die als Nachschub für den Nährstoffkreislauf somit ausfällt. Lösliche, mineralische Dünger können solche Nähstofflücken im Instant-Verfahren einfach wieder auffüllen.

Biogärtner gehen sorgfältiger mit dem Boden um: Sie breiten Humus (Kompost) und Mulch auf den Beeten aus. Daraus stellen die Bodenlebewesen wieder Nährstoffe her. Fruchtwechsel und Mischkulturen verhindern eine einseitige Erschöpfung des Bodens beziehungsweise reichern ihn sogar mit Stickstoffverbindungen an (Knöllchenbakterien der Hülsenfrüchte können Luftstickstoff fixieren). Und schließlich versorgen organische Mittel, wie zum Beispiel Hornspäne, Mist, Guano und andere organische Produkte den Boden langfristig mit dem notwendigen Dünger.

BLÄTTER, an denen Eier kleben, sind von Schädlingen befallen.

Wo immer Pflanzen wachsen, finden sich auch Tiere ein, die diese Pflanzen fressen – Menschen werten sie negativ als „Schädlinge“ ab. Die Bestimmung und Bekämpfung solcher Schädlinge ist ein sehr schwieriges Geschäft, mit dem manchmal selbst Spezialisten ihre liebe Not haben. Wenn eiartige Bildungen an Blättern kleben, kann es sich tatsächlich um die Jugendstadien von Schädlingen oder auch um Gallen (Blattwucherungen, die als „Wohnung“ für bestimmte In-

sekten dienen) handeln. Zumindest zwei Formen von unschädlichen Eiern (Marienkäfer- und Florfliegeneier) sollte allerdings jeder verantwortungsvolle Gärtner kennen, denn aus ihnen schlüpfen gerade keine Schädlinge sondern Nützlinge aus – der positive Aspekt der Bewertung. Marienkäfer fressen sowohl als Larven wie als Erwachsene 400 beziehungsweise 40 bis 60 Blattläuse am Tag. Ihre länglich-ovalen Eier kleben mit den Spitzen an den Unterseiten von Blättern. Sie sind etwa einen Millimeter lang, gelb und stehen in dichten Gruppen zusammen. Auch die Larven der Florfliegen machen sich über Blattläuse, Spinnmilben, Schild- und Blutläuse her. Ihre winzigen Eier sind leicht an den langen, dünnen Stielchen zu erkennen, mit denen sie an der Blattunterseite kleben.

BLATTFLECKEN sind ein sicheres Zeichen für eine Pflanzenkrankheit.

Amüsant und locker über Pflanzenkrankheiten zu plaudern, ist nicht besonders tröstlich, vor allem nicht für den Gärtner, dessen Pflanzen davon betroffen sind. Aber immerhin kann man bei der Ursachenforschung zahlreiche potenzielle Schädlinge und Krankheitserreger ausschließen, wenn man seine Pflanzen genau beobachtet. Zum Glück sind es nämlich häufig „nur“ Umwelt- und Pflegeschäden, die für die Blattflecken verantwortlich gemacht werden können.

Kräftig braune Flecken bis hin zu völlig vertrockneten Blättern deuten auf Streusalze hin – bei Pflanzen neben Gehwegen und nach dem Winter die wahrscheinlichste Ursache. Eine direkte Abhilfe gibt es leider nicht: reichlich gießen, auf Besserung hoffen und weitere Streusalze vermeiden.

Relativ häufig und leicht zu erkennen sind auch die so genannten Chlorosen. Sie äußern sich in hellgrünen bis gelben Flecken auf den Blättern. Chlorosen entstehen immer dann, wenn die Pflanze zu wenig Chlorophyll (Blattgrün) bildet. Als Gründe kommen diverse Mangelkrankheiten in Frage: Auf kalkhaltigen Böden hilft meist eine Bodenverbesserung mit Humus und als Ad-hoc-Hilfe ein eisenhaltiger Dünger; bei neutralen Böden gibt man einen organischen Volldünger. Auch Phosphor-, Magnesium-, Mangan- und Eisenmangel können zu Blattflecken führen, ebenso wie Überdüngung (dann trocknen die Blätter letztlich aus) oder zu hoch dosierte Spritzmittel. Dennoch ist dies alles kein Grund zur Panik, denn in jedem normalen Garten kann man seine Pflanzen vor Schäden dieser Art vorbeugend und problemlos durch regelmäßige Gaben von Humus und organischem (Langzeit-)Dünger schützen.

BLUMENERDE ist gute Erde.

Der typisch deutsche Hang, alles zu normieren, zu standardisieren und mit DIN-Nummer zu versehen, macht auch vor dem Garten nicht Halt. Andererseits bietet jedes Gartencenter ein Produkt „Blumenerde“ an, das es nach DIN-Norm eigentlich gar nicht geben dürfte. In Fachbüchern für Gärtner unterscheidet man nämlich „gärtnerische Erden“, die letztlich aus der Kompostierung stammen, von „Substraten“, die in den Topf gehören. Blumenerde ist nicht vorgesehen, denn Profis pflanzen ihre Blumen in „Einheitserde Typ T“.

Da es Blumenerde aber offensichtlich gibt, wie sieht es mit ihrer Qualität aus? Blumenerde enthält, neben diversen Zuschlagsstoffen, fast immer auch Dünger. Er versorgt die Pflanzen mit den dringend benötigten Nährstoffen, denn Blumentöpfe sind vergleichsweise winzige Standorte.

Draußen im Garten ist Blumenerde aus eben diesem Grund aber kontraproduktiv: Für Aussaaten oder Anzuchten ist sie zu nährstoffreich – sie enthält zu viele Mineralien –, die zarten Wurzeln würden „verbrennen“ und auch beim Einpflanzen von Stauden oder Gehölzen wäre ihre Wirkung fatal. Die Jungpflanzen würden rasch zahlreiche Feinwurzeln bilden, die allerdings nur den engen Pflanzbereich mit der Blumenerde durchdringen.
Viel entscheidender für eine gute Zukunft der Pflanze wäre jedoch ein gut ausgeprägtes, kräftiges Wurzelwerk, das tiefer ins Erdreich eindringt, um die Pflanzen langfristig zu verankern und zu versorgen. Um den Neulingen einen guten Start zu ermöglichen, benutzt man besser den Aushub, der mit etwas Kompost (ohne Dünger) vermischt wurde.

BLÜTEN müssen duften, um bestäubende Insekten anzulocken.

Ob eine Biene die spezifischen, flüchtigen Moleküle einer Blüte als wohlriechend, eben als Duft, empfindet, ist zumindest fraglich. Sicher ist jedoch, dass Bienen Gerüche erkennen, lernen und ihren Stockgenossen mitteilen können; auch Hummeln, Schmetterlinge oder Fliegen merken sich den Duftcocktail bestimmter Blüten. Während wir den Geruch oder besser Gestank von Aronstab, Feuerdorn, Liguster, Holunder und manchen anderen Blüten gar nicht dufte finden, lassen sich die entsprechenden Bestäuber keineswegs durch Ekelgefühle vertreiben – ganz im Gegenteil.

Beim Inbegriff des Wohlgeruchs – den Rosen – spielt der Duft andererseits keine große Rolle: Die Wildarten (viele der duftenden Sorten sind ohnehin steril) sind, wie viele andere Pflanzen auch, Pollenblumen, das heißt sie locken potenzielle Bestäuber mit überreich angebotenen Pollenkörnern an. Schließlich gibt es noch Blumen, die mit Nektar oder Formen, Farben und Farbmustern im sichtbaren und ultravioletten Bereich als Lockmittel arbeiten. Die wunderschönen Orchideen benutzen sogar das Mittel der Täuschung, indem sie mit ihren Blüten ein paarungsbereites Insektenweibchen vorspiegeln; das Männchen paart sich mit dem vermeintlichen Weibchen, nimmt hierbei den Orchideenpollen und transportiert ihn später zur nächsten Blüte. Eine große Zahl von Pflanzenarten umgeht das Problem noch eleganter: Sie lassen ihren Pollen einfach durch den Wind verbreiten und sind auf keine Bestäuber angewiesen.

Duft ist also nur eine der vielen Verlockungen, die sich die Evolution „ausgedacht" hat – allerdings eine sehr sinnliche. Profitieren Sie von dieser Sinnlichkeit; legen Sie an einer sonnigen Stelle ein Duftbeet an. Wählen Sie die Pflanzen einmal nicht nach Blütenfarbe, sondern nach ihrem Duft aus.

BOHNENKRAUT ist eine einjährige Gewürzpflanze. Diese Aussage ist wahr – und doch auch gleichzeitig wieder nicht. Grund für die Irritation ist der deutsche Name des jeweiligen Gewächses. Das einjährige Bohnenkraut (*Satureja hortensis*) wird auch Garten- oder Sommer-Bohnenkraut, Pfefferkraut, Weinkraut oder Kölle genannt – es gibt sogar noch mehr volkstümliche Bezeichnungen. Es gehört zur selben Gattung wie das mehrjährige Bohnenkraut (*Satureja montana*), das auch Winter- oder Berg-Bohnenkraut genannt wird. Die beiden Arten unterscheiden sich kaum in Geschmack und Würzkraft, allerdings ist die mehrjährige Art noch anspruchsloser als die einjährige: Winter-Bohnenkraut fühlt sich sogar im Steingarten oder in den Ritzen einer Trockenmauer wohl.

In der Praxis empfiehlt es sich daher, zwischen Dicken Bohnen und Buschbohnen reichlich das einjährige Kraut auszusäen (es soll Blattläuse vertreiben und kann bei der Ernte der Bohnen gleich mitgepflückt werden). Mehrjähriges Bohnenkraut wird ins Gewürzbeet oder in einen Topf gepflanzt.

BRENNNESSELN haben sich vom Unkraut zur Nutzpflanze gemausert. Es ist noch gar nicht lange her, da galten Brennnesseln unter Gärtnern als hässliche, widerspenstige und äußerst störende Elemente, die man ohne Gnade ausrottete – doch dann kamen die Biogärtner. Im Einklang mit den Ökologen wussten sie von den wertvollen Eigenschaften dieses „Un“-Krautes zu berichten. Ihre Liste reichte vom Lebensraum für Insekten bis hin zu den Brühen und Jauchen, die man sich aus der Brennnessel brauen kann. Diese Pflanzenjauchen wirken als biologisch unbedenkliche Mittel gegen Blattläuse, stärken die Widerstandkraft von Gartenpflanzen gegen Krankheiten und Schädlinge und dienen als stickstoffreicher Dünger. Offenbar muss man also ein sehr herzloser Gärtner sein, wenn man den Brennnesseln zu Leibe rücken möchte!

Nun ist aber Brennnessel nicht gleich Brennnessel: Während die Kleine Brennnessel (*Urtica urens*) als Mittelmeergewächs in unseren Regionen eher selten und nur an sehr sommerwarmen Standorten vorkommt (sie wächst auch relativ langsam), ist die bis zweieinhalb Meter hohe Große Brennnessel (*Urtica dioica*) weit und reichlich verbreitet. Unangenehm für den Gärtner ist vor allem ihre Überlebensstrategie. Aus den flach wachsenden Wurzeln treiben im Frühling zahlreiche Sprosse aus. Einmal etabliert, breiten sich Brennnesseln nachhaltig und stark aus. Wenn ihnen kein Plätzchen zur Verfügung steht, wo sie verwildern dürfen, eignen sie sich daher kaum als „naturnaher" Begleiter von Zierpflanzen oder Gemüsebeeten. Immerhin, so könnte man argumentieren, sorgt ein prächtig gedeihender Bestand für ständigen Nachschub an Rohmaterial für Brennnesseljauchen und -brühen. Andererseits bietet der Fachhandel Bio-Fertigprodukte an, die ohne Arbeitsaufwand und Geruchsbelästigung denselben Zweck erfüllen. Was also tun? Zurück

zur alten Gartenpraxis und jeglichen Bestand an Brennnesseln radikal und rechtzeitig ausrotten?

Wie so oft im Garten kommt es auf eine vorurteilsfreie, nüchterne Bewertung der Verhältnisse an: In kleinen Reihenhausgärten, die vorwiegend der Entspannung dienen, sollte man Brennnesseln in der Tat entfernen dürfen, ohne als „Bio-Frevler“ zu gelten. In größeren Gärten, und bei dem ehrlichen Wunsch, etwas für die Natur tun zu wollen, sollten wir den brennenden Überlebenskünstlern ein feuchtes, sonniges Fleckchen gönnen, wo sie sich ausbreiten dürfen – aber bitte nur dort!

Nach **BSE** darf man nicht mehr mit Knochenmehl düngen.

Unbestreitbar ist das Knochenmark Träger des BSE-Erregers. Sollte ein Rind den Erreger in sich tragen, gelangt er möglicherweise über Knochenmehl-Dünger auch in den Boden, von dort in unser Gemüse und letztlich auf den Teller – soweit die theoretischen Überlegungen und die Panikmache. Betrachtungen und Wertungen zu Themen dieser Art haben nicht selten etwas Weltanschauliches. Sie sind kaum emotionslos zu führen, insbesondere, da die zahlreichen ungeklärten Fragen zu BSE viel Raum für Spekulationen lassen. Hier dennoch ein Versuch.

Gehen wir vom ungünstigsten Fall aus, einem BSE-Gau: Der BSE-Erreger ist in unseren Gartenboden gelangt. Selbst wenn er hier überlebt, so sind Pflanzenwurzeln keine großporigen Siebe, durch die alles Mögliche einfließt, sondern biochemisch streng regulierte Einlasstore. Ein Protein (Prion-Proteine gelten als BSE-Erreger) wäre viel zu groß und zu fremd, als dass es aufgenommen würde. Überspringen wir aber auch diese Hürde: Es sei dem Erreger auf geheimnisvolle

Art und Weise gelungen, in die Pflanze einzudringen. Hier findet es aber kein Gewebe wie das Tiergehirn vor, in dem er sich vermehren könnte. Es ist also mehr als unwahrscheinlich, dass wir nach dem Genuss eines Kohlkopfes unter der Creutzfeld-Jakob-Krankheit leiden.

Dennoch sollte man Bedenken aus dem Bauch durchaus ernst nehmen, denn Gärtnern soll Spaß machen. Wer seine Panik nicht kontrollieren kann, verzichtet besser völlig auf Blut- und Knochenmehl (seit 1997 macht dies Demeter, inzwischen auch weitere ökologische Anbauverbände) oder greift auf Hornspäne/-mehl aus BSE-freien, argentinischen Herden zurück, das im spezialisierten Fachhandel angeboten wird.

CONTAINERPFLANZEN dürfen ganzjährig gepflanzt werden.

In der Vor-Plastik-Ära hatte jedes Gewächs seine Zeit: Gehölze wurden mit Ballen oder nackten Wurzeln in der Zeit ihrer Vegetationsruhe geliefert, Stauden bekam man als ruhende Wurzelstöcke oder eingeschlagen mit Wurzeln und Erde. Heute verspricht uns die Werbung herrliche Zeiten. Im Mini-Beet eines Plastikcontainers bilden Pflanzen genügend Wurzeln aus, sie bleiben von Erde umgeben und müssen nur noch ins Beet „umgetopft“ werden. Obwohl die kleinen Plastiktöpfe unbestreitbare Vorteile besitzen, sollte man auch Containerpflanzen besser nicht gedankenlos pflanzen.

So wachsen Rosen – viele Qualitätsrosen werden ohnehin nur als Wurzelstock angeboten – meist besser an, wenn sie in ihrer Ruhephase zwischen Mitte Oktober und Ende November (bis spätestens zum Vorfrühling) eingepflanzt werden; das Gleiche

gilt für Laubgehölze. Nur wenn der Container ausreichend groß und gut durchwurzelt ist, kann man Gehölze auch problemlos im Frühling pflanzen.
Die beste Zeit für Immergrüne ist der Frühherbst oder Spätfrühling (April bis Mai), hier sind die Containerpflanzen kaum zu schlagen. Bei Stauden überzeugen Container vor allem deswegen, weil man Lücken im Beet ad hoc schließen kann. Wer langfristiger plant, sollte seine neuen, im Sommer oder Herbst blühenden, Stauden mit oder ohne Container im April pflanzen. Dann haben sie bis zur Blütezeit genügend Feinwurzeln gebildet, um Nährstoffe aufzunehmen.

Viel DÜNGEN hilft viel. Dieses Vorurteil lässt sich leider nur schwer aus der Welt schaffen. Warum soll eine Hand voll mehr Düngerkörnchen denn schädlich sein, wo Dünger den Pflanzen doch offensichtlich gut tut? Die Aufnahme, Verarbeitung und Speicherung mineralischer Nährstoffe durch eine Pflanze ist jedoch ein sehr komplexer Vorgang, der viele Aspekte der Pflanzenbiologie berührt. Zunächst hat jede Nutz- oder Zierpflanze nur ein ganz bestimmtes Entwicklungspotenzial, das in den Erbanlagen festgeschrieben ist. Es gibt keine kürbisgroßen Knoblauchzwiebeln, selbst mit Unmengen von Dünger nicht! Bietet man einer Pflanze also mehr Mineralien an, als ihr natürlicherweise (ohne gut meinenden Gärtner) zur Verfügung stehen,

wird sie diese Stoffe nur bis zu einer bestimmten Obergrenze aufnehmen. Und wie dankt sie das dem Gärtner?
Sie wächst nur scheinbar besser, denn der Zuwachs geht auf durch Wasseraufnahme aufgeschwemmtes Gewebe zurück. Stauden werden anfällig für Krankheiten und Schädlinge, Obst und Gemüse schmecken wässrig. Die Wurzeln von Jungpflanzen können aus überdüngten Böden gar kein Wasser aufnehmen – sie verwelken und „verbrennen" auf Grund der zu hohen Nährstoffkonzentration.
Und schließlich ein letzter Aspekt, denn auch Gärtner haben schließlich ein gutes Gefühl, wenn sie das große Ganze im Blick behalten: Überdüngung führt letztlich zur Verseuchung des Grundwassers. Bodenteilchen können nur eine begrenzte Menge an Düngermolekülen festhalten; der Überschuss wird durch den Regen ausgewaschen und landet am Ende in unseren Flüssen und Seen – Stichwort Eutrophierung (Zunahme von Nährstoffen in Gewässern, die zu unerwünschtem Wuchern bestimmter Pflanzen führt)!

Wer seinen Pflanzen und der Umwelt also etwas Gutes tun möchte, sollte sich entweder strikt an die Angaben auf den Düngerpackungen halten oder gleich auf organische Langzeitdünger umsteigen: Sie geben ihre Wirkstoffe nur langsam, aber dafür kontinuierlich ab.

EFEUWURZELN zerstören Hausmauern.

Berstende Mauern in alten Burgruinen, die von armdicken Efeutrieben gesprengt wurden, scheinen ein eindeutiger Beweis für diese These – wären da nicht die prachtvollen, offensichtlich von altem Efeu begrünten Hauswände, die gar nicht daran denken auseinander zu platzen.

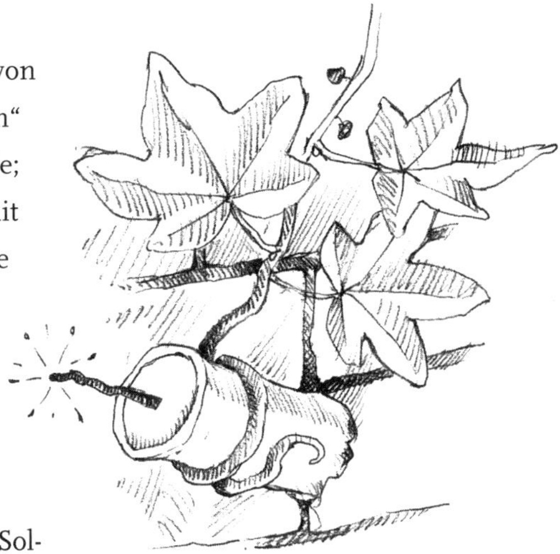

Efeu bildet zwei Formen von Wurzeln aus: Die „normalen" Wurzeln gründen in der Erde; sie versorgen die Pflanze mit Wasser und Nährstoffen. Die Haftwurzeln – in diesem Fall also die „üblichen Verdächtigen" – entspringen dagegen am Spross und verankern die Pflanze an ihrer Unterlage. Solche Haftwurzeln entstehen stets auf der beschatteten Seite, wachsen bis an ein Hindernis und bilden dort eine Art Saugnapf aus. Sofern die Unterlage, etwa eine Hausmauer, glatt ist und keine Risse aufweist, kann nichts passieren. Tatsächlich schützt Efeu die Hauswand sogar vor starken Temperaturschwankungen und verhindert damit die Bildung neuer Risse.
Nur wenn eine Efeupflanze einen Riss oder eine Spalte vorfindet, dringen zunächst ihre Haftwurzeln, danach unter Umständen auch die Triebe ein und drängen durch ihr Dickenwachstum die Mauer auseinander – dann leidet die Stabilität.

Optimistische Hausbesitzer, die ihr Haus begrünen wollen, dürfen daher nach vorheriger Prüfung der Mauer ruhig zum Efeu greifen. Alle übrigen sollten sich besser für rankende oder schlingende Pflanzen, wie Clematis, Geißblatt oder Knöterich entscheiden. Sie verankern sich nicht direkt an der Hauswand, sondern an einem vorgesetzten Rankgitter. Sie können das Gitter bei Bedarf vorsichtig von der Mauer ablösen und Ihre Hauswand auf Schäden untersuchen oder die Kletterpflanzen leichter entfernen.

EXOTISCHE PFLANZEN sind besonders anfällig für Krankheiten und Schädlinge.

Nach den zahlreichen Neubürgern, die sich ohnehin bereits etabliert hatten, strömte mit den großen Entdeckungsreisenden eine Flut fremdländischer Pflanzen in die europäischen Gärten, die bis heute das Bild unserer Beete prägen: Rhododendren und Mahonien, Schneebälle und Flieder, viele Nadelgehölze, von dem riesigen Angebot an Zwiebel- und Knollenpflanzen, Sommerblumen und Stauden nicht zu reden.
Tatsächlich würde ein Garten mit ausschließlich einheimischen Pflanzen ziemlich trist wirken – gäbe es Namensschildchen, fühlten wir uns wie in einer botanischen Sammlung. Heimische Schädlinge und Krankheitserreger sind zwar keine Botaniker, kennen aber sehr genau ihr Nahrungs- beziehungsweise Wirtsspektrum. Wenn ein Exot in dieses Schema passt, fallen sie darüber her, ist es eine heimische Pflanze – auch gut. Obwohl es in Einzelfällen natürlich Abweichungen gibt, sind unsere eingeführten, exotischen Gartenpflanzen kaum empfindlicher als ihre heimischen Vettern.

Damit gilt auch für die exotischen Pflanzen der alte Gartengrundsatz: Je genauer der Standort den natürlichen Ansprüchen einer Pflanze entspricht, desto widerstandsfähiger ist sie gegen alle Arten von Krankheiten und Schädlinge.

EXOTISCHE PFLANZEN haben der heimischen Tierwelt nichts zu bieten.

Viele Gartenbesitzer sind versucht, die Tierwelt in Freunde und Feinde zu gliedern: Singvögel, die in der Hecke ein Nest bauen – wunderbar; Schnecken oder Blattläuse, die sich über zarte

Blätter hermachen – Kampfansage! Da offenbar die Schädlinge (siehe vorheriges Stichwort) mit den meisten Fremdlingen durchaus zufrieden sind, bleibt die Frage nach den „lieben Tieren“. Darunter gibt es einige Spezialisten, insbesondere manche Schmetterlinge, die für ihre Entwicklung auf ganz bestimmte, heimische Pflanzen angewiesen sind.

Für andere Schmetterlinge spielt die Herkunft einer Pflanze dagegen keine Rolle: Obwohl der Sommerflieder (*Buddleja*) aus dem Fernen Osten stammt, kommen die Schmetterlinge in Scharen, um seinen Blütennektar zu trinken. Auch Frühblüher, wie Zaubernuss oder Mahonien, bieten früh im Jahr wertvolle Insektennahrung an. Ähnliches gilt für die Früchte: Ein Singvogel unterscheidet nicht, ob die Steinfrucht auf der heimischen Kornelkirsche oder ihrem asiatischen Verwandten (Tartarischer Hartriegel) wächst – sie passt ins Nahrungsschema und wird mit Genuss verzehrt. Zudem bieten einige Sträucher ebenso sichere Nistplätze wie heimische Gehölze.

Natürlich sind einige der Garten-Exoten von keinem oder nur geringem Nutzen für die heimische Tierwelt, aber wenn wir unsere Gärten möglichst abwechslungsreich bepflanzen, ist für (fast) jede Tierart etwas dabei.

Offene, freie **FLÄCHEN** lassen den Garten größer erscheinen.

Bei den begrenzten Grundstücksgrößen in unseren Städten stellen sich alle Gärtner und Gärtnerinnen früher oder später die Frage, wie der Garten auf kleinem Raum möglichst optimal gestalten werden kann. Eine „großzügige" Rasenfläche, begrenzt von diversen, kleinteiligen Elementen, scheint dann vielen Gärtnern das Mittel der Wahl zu sein.

In der Realität erzielt man damit jedoch fast immer den gegenteiligen Effekt. Da die Rasenfläche direkt überschaubar ist, legt sie die Größe des Grundstücks gnadenlos offen: Der Garten erscheint genau so klein, wie er tatsächlich ist. Sofern man dann noch die Gestaltungselemente, wie Randbepflanzung, Gartenhütte, Steingarten, Kräuterbeet, Kompost, beziehungslos aneinander reiht, breitet sich rasch gähnende Langeweile aus.

Nur wer den Mut aufbringt, die Heilige Kuh Rasen zu schlachten, findet einen eleganten Ausweg aus dem Dilemma. Das Theater bietet hierbei ein geeignetes Vorbild: In einer guten Theaterkulisse wird durch die geschickte Platzierung gemalter Seiten- und Hintergründe sowie durch verschiedene Requisiten der Eindruck von Tiefe erzeugt.

Kleine Gärten wirken größer und großzügiger, wenn man den direkten Blick bis zur Grundstücksgrenze verstellt. Strauchgruppen, die wie eine Insel im Rasenmeer stehen, machen neugierig auf das, was dahinter verborgen ist. Geschwungene Rasenflächen, die hinter Büschen oder Beeten verschwinden, sorgen ebenfalls für Tiefe. Durchgänge wie eine Pergola aus Holz, berankt von Kletterpflanze, ein Rosenbogen oder Lücken in Hecken, lenken den Blick auf ein „Zimmer" dahinter.

Betont man solche Durchblicke durch gezielte Blickpunkte, wie Brunnen, Sonnenuhr, Gartenhaus, Solitärsträucher und anders mehr, verschwinden die realen Grenzen des Grundstücks in einer nicht greifbaren, weil unsichtbaren Ferne. Oftmals reicht es bereits aus, den Hauptsitzplatz etwas dichter zu umpflanzen und den Blick in den Restgarten durch einen Durchlass zu lenken. Wenn man seiner Kreativität und Fantasie freien Lauf lässt, wirkt selbst der kleinste Garten riesig groß – zumindest im Kopf. Probieren Sie es aus.

FLECHTEN und Moose bewachsen nur kranke Bäume.

Viele Gartenbesitzer dulden nur gesunde, stromlinienförmige, optimal aussehende Pflanzen. Baumrinde (Borke), auf der Algen, Moose oder Flechten wachsen, ruft sofort Assoziationen an Moore, modrigen Geruch und Krankheiten hervor. Aus dem Nebel tauchen die Geister von Moorleichen auf.

Die Borke eines Baumes besteht aus totem Gewebe, das als Schutz für die darunter liegenden, lebenden Zellschichten fungiert. Organismen, die sich auf der Borke ansiedeln, fügen dem Baum keinerlei Schaden zu und sind auch keinesfalls Zeichen für eine Erkrankung. Während Moose mit recht vielen Standorten zufrieden sind und nur genügend Feuchtigkeit brauchen, wachsen Flechten ausschließlich unter optimalen Bedingungen. Ein dichter Flechtenbewuchs ist sogar ein sicheres Anzeichen für gute, schadstoffarme Luft! In der Stadtökologie benutzt man sie daher als Anzeiger („Bioindikatoren“) für Umweltverschmutzung. Aus der Artzusammensetzung der Flechten und ihrer relativen Häufigkeit erstellt man Karten, die das Maß der Schadstoffbelastung offen legen. In den „Flechtenwüsten“ ist die Luft am schlechtesten, dort wachsen keine Flechten mehr. Wer diese Zwitterwesen aus Pilz und Alge in seinem Garten findet, sollte nicht in Panik verfallen, sondern sich freuen.

Allerdings dürfen die Alarmglocken bei jedem Gärtner ruhig schrillen, wenn die Hüte von Pilzen aus dem Baumstamm wachsen. Pilze leben von abgestorbenem, organischem Material – wenn sie in einem Baum Nahrung finden, ist das Gehölz ganz offenbar geschwächt.

FRÜHBEETE sind teuer und brauchen viel Platz. Das klassische Frühbeet mit festen Seitenwänden und Glasfenstern als Abdeckung ist für geschickte Heimwerker zwar nicht sehr teuer in der Herstellung, nimmt aber in der Tat viel Raum ein. Zum Glück gibt es aber inzwischen eine Reihe von preislich wie räumlich günstigen Alternativen. Sie erzielen auf unterschiedliche Weise denselben Effekt – wärmeres Kleinklima und damit bessere Bedingungen für empfindliche Kulturen.

Am einfachsten funktioniert eine Vorkultur in den so genannten Mini-Gewächshäusern aus Kunststoff. Sie bestehen aus einer festen Bodenschale mit einem abnehmbaren Deckel und werden auf die Fensterbank gestellt. In ihnen werden auf kleinstem Raum Zier- und Nutzpflanzen vorkultiviert und später ins Freiland gesetzt.

Für kleine Gärten werden kompakte Frühbeetkästen angeboten, die man nach Gebrauch wieder wegräumen kann. Auch die modernen Kunststofffolien wirken wie Gewächshäuser, sind aber deutlich preiswerter. Durchsichtige Folien, dazu gehören auch die „mitwachsenden“ Schlitzfolien, breitet man nach der Aussaat über das Beet aus. Achten Sie auf eine gute Befestigung; denn Winde können enorme Kräfte entwickeln. Die wachsenden Pflanzen heben die Folie, unter der Gewächshausbedingungen herrschen, in die Höhe. Schon fast ein Gewächshaus sind die Folientunnel mit eingearbeiteten Streben. Sie werden nach Gebrauch gereinigt und Platz sparend verstaut. Etwas anders funktionieren schwarze, dünne Folien. Sie eignen sich allerdings nur für vorgezogene, kleine Pflänzchen. Nachdem der Boden vorbereitet wurde, breitet man die Folie aus, schneidet sie kreuzförmig ein und setzt die Pflänzchen in die Schlitze. Die dunkle Folie heizt sich auf, erwärmt den Boden (Verfrühungseffekt) und unterdrückt nebenbei das Aufkommen von Unkräutern.

Warme **FRÜHBEETE** brauchen eine Heizung, kalte nicht.

Unsere Eltern, ganz sicher jedoch unsere Großeltern, sofern sie eigenes Gemüse im Garten gezogen haben, wären bei dieser Behauptung vermutlich in Gelächter ausgebrochen – zumindest hätten sie den Ausspruch nicht ganz ernst genommen. Da unser modernes Leben von Technik jeglicher Art bestimmt wird, fällt uns bei Frühbeetheizung zwangsläufig zunächst ein mit Öl, Gas oder Strom betriebenes System zum Erwärmen von Glaskästen ein. Der „warme Kasten" ist jedoch auf keinerlei künstliche Hilfsmittel angewiesen, da seine Wärme aus einer kostenlosen, biologischen Quelle stammt: Im Herbst wird der Boden unter einem Frühbeet etwa einen halben Meter tief ausgeschachtet und das Loch 20 bis 30 Zentimeter hoch mit frischem Pferdemist gefüllt (lagenweise festtreten). Darauf kommt eine etwa 20 Zentimeter hohe Schicht aus Gartenerde oder reifem Kompost (sie wird später die Anzuchterde für die Jungpflanzen). Nun wird das Frühbeet abgedeckt und sich selbst überlassen. Gut geschützt unter Erde und Glas beginnen Mikroorganismen, den Pferdemist zu zersetzen. Dabei steigt ihre „Betriebstemperatur" so stark an, dass sich auch die

Erdschicht erwärmt. Meist schon ab Februar/März kann man den warmen Kasten mit Blumen-, Salat- oder Gemüsesamen bestücken. Da sich das Reiten zum Volkssport entwickelt hat, findet man in sehr vielen Regionen den nötigen Brennstoff für das Frühbeet.

Wer eine sauberere Lösung bevorzugt, kann auch Stroh statt Mist in der Grube ausbreiten. Allerdings enthält Stroh zu wenig Stickstoff und muss daher mit organischem Langzeitdünger vermischt werden. Im Vorfrühling gießt man kräftig mit einer Düngerbrühe (zum Beispiel aus Brennnesseln).

GARTENNELKEN können als Ersatz für Gewürznelken dienen. Alles wird teurer, warum also nicht Geld sparen und getrocknete Nelkenknospen als Gewürz verwenden an Stelle von Gewürznelken? Diese nur scheinbar gute Idee basiert auf einem Missverständnis: Gartennelken und ihre vielen Sorten gehören zur Familie der Nelkengewächse (*Caryophyllaceae*), während die bekannten Gewürznelken, wie auch der Eukalyptus oder das Myrtenbäumchen, in die Familie der Myrtengewächse (*Myrtaceae*) gehören. Die charakteristischen Inhaltsstoffe des Gewürzes kommen in den Gartennelken nicht vor. Gewürznelken sind die ungeöffneten, getrockneten Blütenknospen eines Baumes, der ursprünglich nur auf den Molukken wuchs, inzwischen aber auf mehreren tropischen Inseln angebaut wird.

Die Idee, teure und exotische Pflanzen durch heimische Pendants zu ersetzen, ist so alt wie der Gewürzhandel. So waren früher die Knospen von Kapuzinerkresse, Besenginster, Sumpfdotterblume und einiger anderer Arten als „Deutsche Kapern" bekannt – die echten Kapern stammen von einem Strauch, der am Mittelmeer wächst.

Noch mehr Profit konnten Betrüger des Spätmittelalters machen, wenn sie Alraunen fälschten. Alraunen sind die angeblich zauberkräftigen Wurzeln eines mediterranen Gewächses, die für teures Geld über die Alpen transportiert wurden. Um die Transportkosten zu sparen, boten betrügerische Händler statt dessen die ähnlich aussehenden Wurzelstöcke der giftigen, heimischen Zaunrübe an – allerdings riskierten sie damit eine empfindlich hohe Bestrafung!

Mit nur wenig Geduld lassen sich übrigens auch Gartennelken „sinnvoll“, weil kulinarisch, verwenden. Warten Sie einfach ab, bis sich die Knospen geöffnet haben: Die Blütenblätter der Nelken geben hübsche Dekorationen für Salate, Eis oder sommerliche Erfrischungsgetränke ab.

Der GARTENTEICH ist ein Biotop.

„Wir haben uns am Wochenende ein Biotop angelegt.“ Wer so seine Frühstückspause einleitet, wird bestimmt von einem Loch erzählen, das er oder sie ausgebuddelt, mit Folie ausgekleidet und dann mit Wasser gefüllt hat.

Ganz falsch ist diese Aussage zwar nicht, sie schießt allerdings in dieser Ausschließlichkeit auch völlig am Wesen eines Biotops vorbei. In der Ökologie versteht man unter einem Biotop den Lebensraum einer festen Gemeinschaft von Organismen, die ähnliche Ansprüche an ihre Umwelt stellen (Biozönose aus Pflanzen und Tiere). Streng genommen müssten die Pflanzen und Tiere sogar wechselseitig voneinander abhängig sein und sich an dem entsprechenden Standort gegenseitig bedingen. Außerdem muss sich der Lebensraum (= Biotop) deutlich von seiner Umgebung abgrenzen. Biotope im ökologischen Sinne wären demnach ein Hochmoor, ein sandiges Meeresufer, ein Buchenwald – und eben auch ein natürlicher Teich. Wie man sieht, waren die Ökologen vorsichtig genug, eine Mindestgröße zu fordern, das heißt ein Gartenteich von zwei Quadratmetern Wasserfläche bekäme wohl kaum den Titel „Biotop".

Natürlich darf man in seinem eigenen Garten die Messlatte ruhig etwas tiefer hängen und neben seinem Teich weitere hübsche Biotope anlegen (die natürlich auch nicht den Kriterien eines Ökologen genügen): zum Beispiel einen Komposthaufen (Lebensraum für zersetzende Bodenorganismen); ein Strauchbeet mit Unterwuchs; eine feuchte „wilde" Ecke, in der sich heimische Wildkräuter ansiedeln; einen lockeren Holzstoß für wilde Wespen, Bienen, Igel und andere Tiere und sogar einen englischen Rasen (Biotop für nur eine Pflanzenart und fast völlig ohne Tiere).

GEHÖLZE müssen jährlich im Frühling oder Herbst geschnitten werden.

Die Befürworter dieser Gartenweisheit gehen ganz selbstverständlich davon aus, dass ein jährlicher Gehölzschnitt unbedingt erforderlich ist – streitig ist offenbar nur der richtige Zeitpunkt. Aber ist diese „Schneidewut" wirklich notwendig? Der Schnitt sollte doch nur den natürlichen Wuchs eines Gehölzes unterstützen und nicht zur Zwangsmaßnahme ausarten. Zu welcher Jahreszeit man zur Schere greift, spielt ohnehin keine besondere Rolle, denn fast alle Laub abwerfenden Gehölze dürfen während der gesamten Vegetationsruhe, das heißt vom Spätherbst bis in den Frühling hinein, an frostfreien Tagen beschnitten werden.
In der Tat bietet der Frühling gewisse Vorteile, weil man dann erfrorene Triebe gleich mit entfernen kann. Allenfalls sehr früh blühen-

de Gehölze kommen besser mit einem Schnitt gleich nach der Blüte zurecht. Womit jedoch die Kernfrage – jährlich oder nicht – immer noch nicht beantwortet ist. Alle Laubgehölze werden bei der Pflanzung („Pflanzschnitt“) und während ihrer Hauptwachstumsphase beschnitten („Erhaltungsschnitt“). Der so genannte „Aufbauschnitt“ fällt nur bei Obstgehölzen an; er sorgt für eine gut strukturierte Krone. Ein Gärtner muss daher eigentlich nur wissen, zu welchem Zeitpunkt er den Erhaltungsschnitt durchführen sollte und da kommt man ziemlich gut mit dem gesunden Menschen- oder Gartenverstand zurecht.

Bei Bäumen reicht es zum Beispiel aus, alle zwei bis drei Jahre nach „störenden“ oder nach innen wachsenden Ästen zu suchen. Sie werden an der Ansatzstelle entfernt. Bei den Sträuchern richtet sich der Erhaltungsschnitt nach der Wuchsform: Sträucher, die sich regelmäßig von der Basis her erneuern wie Forsythie, Haselnuss und Wildrosen, dürfen so lange ungestört wachsen, bis sie zu dicht werden. Dann entfernt man jeweils einige der älteren Triebe und lichtet den Jungwuchs aus – gut beobachten und erst wieder zur Schere greifen, wenn der Wildwuchs überhand nimmt. Anders verhält es sich mit der großen Zahl von Sträuchern, die sich nicht vom Grund her erneuern, sondern nur verzweigen. Bei ihnen reicht es aber auch völlig aus, alle paar Jahre zu dicht oder über Kreuz wachsende Zweige auszulichten. Bestimmte Sträucher, zum Beispiel

Beetrosen, Hortensien, Johanniskraut, Schmetterlingsstrauch, bilden ihre Blüten nur an den diesjährigen, neu ausgetriebenen Zweigen; nur sie müssen tatsächlich Jahr für Jahr auf kurze Aststummel zurückgeschnitten werden, um die Blütenpracht zu fördern.
Selbstverständlich gibt es auch bei einigen Sträuchern Besonderheiten, die man aber am besten gleich beim Kauf erfragt und im Gartenkalender einträgt. Besonders einfach machen es uns die immergrünen Laubgehölze beispielsweise Rhododendren, einige Schneeballarten und Zwergmispeln: Sie werden gar nicht geschnitten.

In einem GEMIETETEN GARTEN darf ich machen, was ich will. Dass sich manche Mieter und Vermieter nur noch über Rechtsanwälte bzw. Mietervereine verständigen, hört man in jeder Talkshow und in vielen Ratgebersendungen. Aber dabei geht es um die üblichen Streitereien, um Mieterhöhungen, Nebenkosten usw. Wie jedoch sieht es mit dem Garten aus? Immerhin sind Stauden und Gehölze doch so eine Art „Möbel im Freien". Wie so oft gehen gesunder Menschenverstand und Gesetze nicht immer denselben Weg. Das Eigentum eines Haus- und Garteneigentümers erstreckt sich auf die Grundfläche, den Boden unter und den Luftraum über der Grundfläche – noch eine ziemlich theoretische Angelegenheit. Wird jedoch ein Baum oder ein Strauch in den Boden eingepflanzt, wird er zum „wesentlichen Bestandteil" des Grundstücks und geht damit ins Eigentum des Vermieters über – das hat nun wieder sehr konkrete Auswirkungen:
Ein Mieter (Besitzer des Gartens) darf ohne das Einverständnis des Eigentümers weder Bäume noch Sträucher entfernen; sie gehören dem Vermieter! Sollte er dagegen eigene Bäume und Sträucher kau-

fen und einpflanzen, sind sie beim Auszug verloren. In dem Augenblick, da sie eingepflanzt wurden, gehen sie in das Eigentum des Vermieters über. Dieses Recht bezieht sich übrigens auf alle mit dem Grund und Boden verbundenen Pflanzen.
Der kritische „wesentliche Bestandteil“ kann übrigens auch ein massiver Zaun (stabil im Boden gegründete Pfosten), eine Mauer oder ein geplatteter Sitzplatz sein. Wurden sie vom Vermieter errichtet, darf sie der Mieter nicht entfernen, wurden sie dagegen vom Mieter während des Mietverhältnisses erstellt, gehen sie in das Eigentum des Vermieters über.

Selbstverständlich kann man sich einigen, dann gelten die Vereinbarungen. Im Zivilrecht braucht es einen Kläger, sonst kommt es nicht zum Prozess.

Eine GERANIE ist eine Geranie ist eine Geranie ...

Wenn man ein Blumengeschäft betritt, um Balkongeranien zu kaufen, dürfte man vermutlich fachkundig und kompetent beraten werden und schließlich mit einer hübschen Auswahl für die Balkonkästen wieder abziehen – nur Geranien hat man vermutlich nicht gekauft! Bevor der große Carl von Linné Ende des 18. Jahrhunderts auf die Idee kam, jeder Pflanze und jedem Tier einen unverwechselbaren, wissenschaftlichen Doppelnamen zu verpassen (bestehend aus einem Gattungs- und einem Artnamen), nahm man es mit der Benennung nicht so genau. Es gab je nach Region abweichende Namen für dieselbe Pflanze beziehungsweise denselben Namen für unterschiedlichste Pflanzen oder Tiere. So erging es auch den „Geranien“. Als sie um 1700 nach Europa gebracht wurden, hielt man sie für Geranien (*Geranium*) und taufte sie

entsprechend. Linné stellte sie später – botanisch korrekt – zu den Pelargonien (*Pelargonium*) und da stehen sie noch immer.
Also sind unsere beliebten Balkongeranien in Wirklichkeit Pelargonien, während man die echten Geranien – die gibt es natürlich auch noch – besser mit dem deutschen Namen Storchschnabel bezeichnet. Storchschnäbel (nur zur Sicherheit: Gattung *Geranium*) kommen in mehreren Arten wild bei uns vor.

Übrigens lagen die ersten Namensgeber nicht völlig falsch: Sowohl Geranien (Storchschnäbel) wie Pelargonien gehören nämlich zur Familie der Storchschnabelgewächse oder Geraniaceae. Also, eine Pelargonie ist eine Geranie, während eine Geranie niemals eine Pelargonie sein kann ... alles klar?
Wenn es denn unbedingt eine „echte" Geranie sein soll, die den Balkonkasten ziert, greift man am besten zu einer der kriechenden Sorten von *Geranium endressii* (zum Beispiel 'Wargrave Pink', 'Rose de Claire'), die sowohl mit leichter Trockenheit wie Halbschatten zurecht kommen.

Alle GEWÜRZPFLANZEN brauchen heiße, trockene Standorte.

Viele halbherzige Versuche, einen Kräutergarten in einer vernachlässigten Ecke des Gartens anzulegen, scheitern in der Tat daran, dass die Pflanzen zu wenig Sonne bekommen. Viele unserer beliebten Gewürzkräuter stammen aus dem mediterranen Raum, wo ihre wilden Vorfahren in der Macchie (immergrüner niedriger Buschwald) auf trockenen Böden unter heißer Sonne wuchsen.
Zum Glück gibt es aber auch ein paar heimische und exotische Gewürze, die mit weniger Sonne und feuchteren Böden zurecht kom-

men: Kerbel, Kresse, Kümmel, Liebstöckel, Meerrettich oder Sauerampfer wachsen sogar im Halbschatten. Borretsch, Brunnenkresse, Minzen, Knoblauch, Petersilie oder Schnittlauch brauchen zwar etwas mehr Sonne, können sich aber durchaus mit schwereren, feuchteren Böden anfreunden. Mit diesem Kräutersortiment lässt sich zwar weder eine original-italienische Pizza noch ein griechischer Salat stilgerecht würzen, aber immerhin kann man damit den Geschmack vieler anderer Speisen aufwerten.

Eine perfekte Möglichkeit, um an einem Ort die unterschiedlichsten Ansprüche von Gewürzen zu befriedigen, bietet übrigens eine Kräuterspirale: Sie braucht kaum Platz und hat im oberen Bereich einen gut drainierten, trockenen Boden, der nach unten zu feuchter und schwerer wird.

Pflanzen muss man im Sommer einmal täglich GIESSEN. Mit solchen Gartenweisheiten ist es ähnlich wie mit den früher sehr populären Sprüchen aus Radio Eriwan: „Im Prinzip ist einmal täglich okay, aber …“ Die optimale Wassermenge hängt von so vielen Faktoren ab, dass es praktisch keine allgemeine Regel gibt.

Das Bodenwasser nimmt durch zwei Prozesse ab: direkt über Verdunstung an die Luft und indirekt durch Verdunstung über die Pflanzen (Transpiration). Wichtigster Faktor ist natürlich das Wetter, denn bei andauernder Trockenheit kann der Boden keine Feuchtigkeit mehr liefern – man muss den Wasserverlust durch Gießen ausgleichen. Allerdings sollte man die Art seines Bodens zumindest annähernd kennen. Sandige Böden müssen häufiger und mehr gegossen werden als Böden mit höherem Tonanteil. Faustregel: Wenn der Boden etwa in Fingertiefe noch feucht ist, ist kein Gießen erforderlich. Bei starker Sonne geben die Pflanzen sehr viel mehr Wasser an die Umgebung ab als bei bedecktem Himmel; auch hier kann die regelmäßige Fingerprobe sichere Auskunft geben.

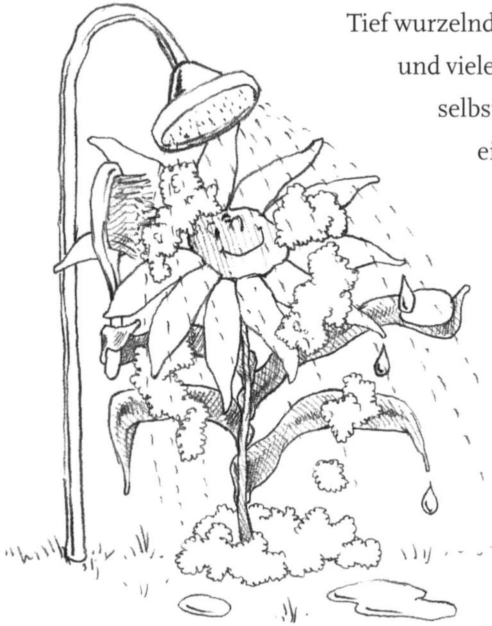

Tief wurzelnde Pflanzen, wie etwa Rosen und viele Gehölze werden seltener – selbst in heißen Sommern nur ein-, maximal zweimal pro Woche – aber dann reichlich gegossen (mit Pausen, damit das Wasser versickern kann). Im Stauden- und Gemüsebeet sollte man ebenfalls am besten auf Anzeichen welkender Blätter achten und die entsprechenden Pflanzen gezielt gießen.

Fast wichtiger als die Gießfrequenz sind Art und Zeitpunkt der Bewässerung. Gießen Sie stets in den frühen Morgen- oder späten Abendstunden, niemals am Tag! Befeuchten Sie die Erde, nicht die Blätter, sonst freuen sich nur die Pilze über einen optimalen Nährboden. Um doch noch mit einer, wenn auch nicht goldenen, so zumindest silbernen Regel zu schließen: „Weniger ist mehr.“ Für den Rasen gelten übrigens besondere Regeln (siehe „Seite 105). Im Idealfall benutzen Sie zum Gießen abgestandenes Regenwasser aus einer Sammeltonne. Es ist viel weicher als frisches Wasser aus der Leitung, enthält also deutlich weniger Kalk.

GINKGOS sind Laubbäume. „Dieses Baums Blatt, der von Osten meinem Garten anvertraut..." Wer im Zusammenhang mit dem Ginkgo Goethe zitiert, demonstriert zwar klassische Bildung, trifft das Wesen dieses ungewöhnlichen Baumes aber dennoch nur unvollkommen. Der heutige Ginkgo (*Ginkgo biloba*) darf auf eine Verwandtschaft zurückblicken, die bis in die Trias reicht (vor 248 bis 213 Mio. Jahren). Im Jura (vor 213 bis 144 Mio. Jahren) taucht dann die heutige Gattung *Ginkgo* auf. Ihr Aussehen hat sich bis heute nicht wesentlich verändert. Als 1727 die ersten Exemplare des Ginkgo aus Japan nach Europa kamen, lösten sie unter Fachleuten eine Sensation aus, denn diese Blätter kannten sie bis dahin nur aus Versteinerungen. Bis auf ein kleines Gebiet in der chinesischen Chenkiang-Provinz, wo er wild wächst, kam der Ginkgo nur in einigen japanischen Parks und Gärten vor.

Obwohl er Blätter besitzt und abwirft, gehört er nicht zu den Laubbäumen im strengeren Sinn. Alle unsere Laubbäume sind so genannte bedecktsamige Blütenpflanzen, das heißt die Eizellen in ihren Blüten werden von einem Fruchtknoten umhüllt. Ginkgos haben keine Fruchtknoten, die Eizellen in der Blüten der weiblichen Bäume liegen völlig frei – es sind eindeutig nacktsamige Blütenpflanzen. Damit jedoch gehören sie in die engere Verwandtschaft unserer

Nadelbäume, ohne wirklich einer zu sein – trauriges Schicksal eines einsamen „lebenden Fossils".

Im Garten kommen Ginkgos besonders dekorativ als Solitäre (Einzelpflanzen) zur Geltung, die den Herbst mit herrlichen, goldgelben Blättern zieren. Ginkgos sind recht anspruchslos und weitgehend frei von Schädlingen und Krankheiten. Wenn irgend möglich, sollte man versuchen einen männlichen Baum zu pflanzen. Die reifen Samen der Ginkgo-Damen, sofern sie bestäubt worden sind, strömen nämlich einen unangenehmen Geruch nach Buttersäure aus.

GOLDFISCHE im Gartenteich sind schön und nützlich.

Ob Goldfische im Gartenteich schön sind oder nicht, entzieht sich – wie alle Fragen des Geschmacks – einer objektiven Bewertung. Dennoch lohnt es sich für jeden Besitzer eines Gartenteiches, über Gold- und andere Fische kritisch nachzudenken. In reinen Zierteichen, die durch Gestalt und Lage eher als architektonisches Element geplant wurden, machen Fische durchaus Sinn: Sie bieten Abwechslung, sorgen für Bewegung im Wasser, regen zur Be-

obachtung an und geben uns das herrliche Gefühl, als Versorger auftreten zu dürfen. Da Teiche dieser Art eher großen Aquarien im Freien als einem nachempfundenen Lebensraum gleichen, passen hier neben Goldfischen sogar die edlen, teuren Koi-Karpfen hinein, die ihrem Besitzer im wahrsten Wortsinn aus der Hand fressen.
In einem naturnah gestalteten Teich herrschen jedoch völlig andere Bedingungen. Hier erwartet der Teichbesitzer eine möglichst reichhaltige Tierwelt – Libellen und andere Insekten, Molche, Frösche oder Kröten. Tatsächlich nehmen viele unserer heimischen Wildtiere Teiche gerne an und finden sich dort von selbst ein. Die ach-so-harmlosen Goldfische freuen sich auch; sie sind Feinschmecker, die über Amphibienlaich herfallen und ihn vertilgen. Außerdem durchwühlen sie den Boden nach Nahrung und trüben das Wasser.
Schließlich kommt es durch spielende Goldfische zum Aquarieneffekt: Wer will schon so hartherzig sein und ihnen das Futter verweigern? Fast immer fällt der Griff in die Futterdose zu großzügig aus, das überschüssige Futter – und die verdauten Reste der Mahlzeit – sinken zu Boden und reichern das Wasser mit Nährstoffen an.

Man sollte daher im naturnahen Teich besser auf Goldfische verzichten und auf andere, heimische Arten ausweichen: Moderlieschen, Elritze und Bitterling kommen ohne Zusatzfutter zurecht; die orange schimmernden Goldorfen sorgen für die Farbtupfer. Die einzigen Gartenbewohner, die mit diesem Arrangement unzufrieden sein dürften, sind unsere schnurrenden Stubentiger: Goldorfen sind nämlich viel flinker als Goldfische und entwischen damit häufiger dem Pfotenschlag. Leider werden diese heimischen Fische nicht überall angeboten. Erkundigen Sie sich im örtlichen Gartenfachhandel (ein auf Fische spezialisiertes Zoogeschäft kann auch nicht schaden), wo Sie diese Fische bekommen.

Der GRANATAPFEL ist eine tropische Apfelsorte. Wer die Frucht des Granatapfelbaumes schon einmal im Obstgeschäft oder einem Supermarkt gesehen hat, dem ist vermutlich die Ähnlichkeit mit unseren Äpfeln aufgefallen. Dazu trägt nicht zuletzt das kleine Krönchen aus den verholzten Blättern des ehemaligen Kelches bei – angeblich das Vorbild für die Krone Salomos. Ein Versuch, nun herzhaft in diesen merkwürdigen „Apfel" zu beißen, wäre jedoch fatal. Granatäpfel besitzen nämlich nicht das saftige Fruchtfleisch unserer Äpfel. Man verzehrt nur die geleeartige Hülle um die Samen, eine etwas mühselige, aber doch sehr erfrischende Mahlzeit. Da nicht nur die Früchte, sondern auch eine Reihe anderer Merkmale den Granatapfelbaum einzigartig machen, haben ihm die Botaniker eine eigene Familie mit nur zwei Arten zugestanden.

Er ist ursprünglich in einem schmalen Streifen vom östlichen Mittelmeer über Iran und Afghanistan bis in den Himalaja heimisch. Die Granatäpfel in unseren Obstgeschäften und Supermärkten stammen aus unterschiedlichen Anbaugebieten rund um das Mittelmeer, aus den USA oder Brasilien. Mit den Äpfeln, die zur Familie der Rosengewächse gehören, sind Granatäpfel noch nicht einmal entfernt verwandt – nur zu den Seidelbast-, Weiderich- oder Nachtkerzengewächsen bestehen lockere verwandtschaftliche Verbindungen.

Liebhaber mit einem Wintergarten dürften an diesen reich blühenden Kübelpflanzen ihre Freude haben. Granatapfelbäume werden in unseren Breiten etwa zwei Meter hoch, am Ursprungsort etwas über fünf Meter. Sie gelangen allerdings nur äußerst selten bis zur Fruchtreife. Die „Granate" im Namen hat übrigens nichts mit dem gleichnamigen Geschoss zu tun, sondern geht auf das lateinische *malum granatum* = „kernreicher Apfel" zurück.

GRÜNDÜNGER-PFLANZEN düngen den Boden.

Die Technik der Gründüngung geht auf die Landwirtschaft zurück. Als die Bauern des Spätmittelalters damit begannen, Klee oder Luzerne anzubauen, statt den Boden brach liegen zu lassen, nutzten sie, ohne es damals zu wissen, eine biochemische Reaktion, die sich nur die Evolution „ausdenken" konnte. Pflanzen ist der Zugriff auf die unerschöpflichen Stickstoffvorräte der atmosphärischen Luft verwehrt, sie müssen mit dem relativen Stickstoffmangel im Boden leben. Nur wenige Organismen, darunter die so genannten Knöllchenbakterien, können den Stickstoff der Luft fixieren, das heißt in organisch verwertbare Stickstoffverbindungen einbauen (Evolutionstrick 1). Interessanterweise sind es ausschließlich ursprüngliche Organismen, wie Bakterien und Blaugrüne Algen, die diese sinnreiche Fähigkeit im Zuge der Evolution erworben haben. Es gibt jedoch einige Pflanzen, dazu gehören vor allem die Hülsenfrüchte (Leguminosen), die den Knöllchenbakterien in ihren Wurzeln Asyl gewähren und so von deren Stickstoff profitieren (Evolutionstrick 2). Wurden die Hülsenfrüchte untergepflügt, gelangte mit ihnen auch der Stickstoff in den Boden – Bohnen, Erbsen, Lupinen, Wicken und viele andere mehr sind demnach echte Düngerpflanzen.

Im gärtnerischen Sprachgebrauch versteht man unter Gründünger jedoch alle Arten schnell wachsender Pflanzen, die als Vor- oder Zwischensaat den Boden decken, deren Wurzeln den Boden lockern oder den rohen Boden von frischen Baugrundstücken durchlüften und leichter bepflanzbar machen.
Solche Gründüngerpflanzen, beispielsweise Senf, Bienenfreund oder Raps, sind zwar nützlich, aber eben keine Düngerpflanzen im eigentlichen Sinn.

HECKEN dürfen auf die Grundstücksgrenze gepflanzt werden.

Sicher gibt es viele gute Gründe, die Grenzen eines Grundstücks optisch zu schließen, aber leider auch eine Reihe gesetzlicher Bestimmungen. Wer einen Zaun aus Latten oder Lamellen errichten möchte, darf dies tun, selbst wenn der Nachbar diesen Anblick als störend empfindet.

Bei Bäumen und Sträuchern sehen die Gesetze und Verordnungen der Bundesländer jedoch Mindestabstände von der Grundstücksgrenze vor, die sich nach der Endhöhe der gepflanzten Gehölze richten. Bei niedrigen Hecken mit zirka einem Meter Höhe sieht jedermann die Bestimmungen ein. Die Sträucher dürfen so eingepflanzt werden (20 bis 30 Zentimeter Abstand), dass die Außenkante der Hecke später mit der Grundstücksgrenze abschließt.

Obwohl für höhere Gehölze prinzipiell dasselbe gilt, ist hier die Einsicht schwieriger. Wer denkt schon daran, dass sich aus einem 50 Zentimeter hohen Junggehölz ein zwei bis drei Meter hoher Strauch entwickeln wird? Es erscheint unsinnig, zwischen Jungstrauch und Grenze einen „Riesenabstand“ zu lassen. Die einschlägigen Verordnungen berücksichtigen jedoch nicht nur das Höhen- sondern auch das Breitenwachstum und sehen Grenzabstände zwischen drei und vier Metern, bei Bäumen sogar bis über zehn Meter vor.

Um Ärger oder gar einen vom Nachbarn angestrebten Prozess zu vermeiden, lohnt es sich daher, bei seiner Gemeindeverwaltung nachzufragen.

Noch besser ist jedoch, sich mit dem Nachbar zu einigen. Vielleicht könnte man gemeinsam eine „Doppelhecke“ anlegen, die dann viel üppiger und schöner ausfällt als eine Hecke auf dem Einzelgrundstück. In solchen Fällen sind keine Folgen

durch das Gesetz zu befürchten – wo kein Kläger, da kein Anspruch auf Beseitigung.
Man darf auch nicht nachträglich vom Nachbarn verlangen, eine vorhandene Hecke oder Bäume zu entfernen; etwa, wenn man in eine bestehende Siedlung zieht. Hier sieht der Gesetzgeber eine angemessene Verjährungsfrist vor. Ab einem gewissen Alter der Gehölze (die Fristen kann man bei der Gemeinde erfragen) verfällt der Anspruch auf Beseitigung.

HEIMISCHE GEHÖLZE sind besonders gute Heckenpflanzen.

Manche Naturgärtner geraten ins Schwärmen, wenn sie die Vorzüge einer Hecke aus heimischen Gehölzen schildern. Viele Gemeindeverwaltungen sehen das inzwischen ähnlich und schreiben vor, zumindest Teile der Grundstücksbepflanzung mit heimischen Arten auszuführen.
Sicher sind die ökologischen Vorteile einer naturnahen Hecke nicht von der Hand zu weisen – allerdings häufig zu Lasten von Gartenraum. In kleinen Reihenhausgärten bleibt dann oft nur Platz für eine einreihige Hecke, die regelmäßig beschnitten werden muss (zum Beispiel Eibe, Feld-Ahorn, Kornelkirsche, Rot-Buche oder Stechpalme). Solche Hecken stellen dann zwar einen Kompromiss zwischen Sichtschutz, naturnahem Bewuchs und vertretbarem Raumanspruch dar, sind aber eben nur Schnitthecken mit ökologischem Anstrich.
Um der Tierwelt wirklich etwas bieten zu können, müssten sich die Gehölze frei entfalten dürfen. Viele unserer so genannten Vogelschutz- oder Vogelnährgehölze haben einen ausladenden Wuchs, ohne im engeren Sinne Sichtschutz zu bieten – also muss eine gestaffelte Hecke aus mehreren, unterschiedlich hohen und dichten

Sträuchern her. Damit gehen jedoch rund drei bis fünf Meter Gartenbreite allein für die Hecke verloren! Was also tun, da die unsäglichen, fremdländischen Koniferen langweilig, heimische Gehölze aber offenbar zu groß sind?

Die Lösung stellt eine abwechslungsreiche Mischung aus Immergrünen an den strategisch empfindlichen Stellen und gestaffelten Heckenbeeten mit heimischen Gehölzen dar, die zum Beispiel in ein naturnah gestaltetes Staudenbeet übergehen.

Im HERBST muss der Garten „aufgeräumt“ werden.

Im September, spätestens aber im Oktober, verfallen viele Gärtner in eine hektische Betriebsamkeit. Sie rechen das Laub zusammen oder benutzen ein geräuschvolleres Gebläse, mähen zum letzten Mal den Rasen, hacken Unkraut aus den Beeten, entfernen das Grün der Stauden bis zum Boden ... muss das wirklich sein?

Der Herbst ist jene Zeit im Pflanzenjahr, in der sich das Leben zurückzieht. Alle Pflanzen haben Samen gebildet, also für Nachkommen gesorgt, die Stauden ziehen die restlichen Nährstoffe aus den grünen Teilen ab und verlagern sie in die Speicherorgane. Erst im nächsten Frühling werden sie wieder mobilisiert. Die Bodenlebewesen stellen ihre Aktivität ein und ziehen sich zurück, viele Tiere suchen nach Winterquartieren.

Wir sollten diese natürlichen Prozesse unterstützen: Lassen wir Ziergräser und Blüten mit trockenen Samen (Astern, Sonnenblumen usw.) stehen; sie liefern den Vögeln besseres Winterfutter als manches Vogelhäuschen. Auch scheinbar „nutzlose“ Beetstauden brauchen nicht entfernt zu werden; verschneit oder glitzernd im Raureif bieten sie fast so attraktive Blickpunkte wie zur Blütezeit. Im Frühling kann man die erfrorenen Reste immer noch entfernen und kompostieren. Also gar nichts unternehmen, einfach alles sich selbst überlassen? Das geht leider auch nicht, auf einen vernünftigen Kompromiss kommt es an.

Durch Frost gefährdete Pflanzen brauchen nun Schutz, die Rosen sollten bis über die Veredlungsstelle mit Mulch angehäufelt und hohe Ziergräser zu einem Zelt zusammengebunden werden; empfindliche Knollen müssen aus der Erde gegraben und ins Winterquartier gebracht werden – nicht zu vergessen die Kübelpflanzen, die nun ins Winterquartier kommen.
Ansonsten sind Herbst und Winter wunderbar dazu geeignet, philosophische Gedanken über Leben und Tod, Werden und Vergehen oder die Zeitläufte der Natur zu verschwenden.

HEXENRINGE schädigen den Rasen.

Sobald sich die Hexenringe erst einmal im Rasen etabliert haben, breiten sie sich unaufhaltsam weiter aus und schädigen tatsächlich die Grasfläche. Allerdings ist das erste Auftreten dieser Pilze nur ein Symptom für einen bereits geschwächten oder gar erkrankten Rasen.
Eine gesunde Rasenfläche dagegen, die ausreichend gedüngt, gewässert und deren Untergrund regelmäßig gelockert beziehungsweise belüftet wird, ist kaum anfällig für Krankheiten und somit auch nicht für Pilzbefall. Sobald die Pilzsporen jedoch einmal Fuß gefasst haben, beginnen „die Hexen zu tanzen“.
Das aus den Sporen auswachsende Pilzgeflecht, das so genannte Myzel, wächst zunächst unterirdisch, bis erste Fruchtköper, das heißt die

sichtbaren Hutpilze, durch die Oberfläche brechen. Sie streuen neue Sporen aus und unterdrücken das Rasenwachstum in ihrer direkten Umgebung. Das Myzel wächst inzwischen unterirdisch mit einer kreisförmigen Front weiter nach außen, bis sich im Folgejahr ein neuer, größerer Hexenring bildet. Man muss schon ein sehr toleranter Gärtner sein, um nun den Dingen einfach ihren natürlichen Lauf zu lassen! Wer für Sattgrün schwärmt, dem wird allerdings nichts anderes übrig bleiben, als das Übel im Kern zu beseitigen.

Stechen Sie den Rasen weiträumig und mindestens 30 Zentimeter tief aus. Die Erde darf nicht auf den Kompost, denn Pilzsporen sind Überlebenskünstler und Sie wollen die „Hexen" doch langfristig los werden. Bringen Sie statt dessen neue, gesunde Erde ein und vermischen Sie diese mit Sand. Auf dieses Substrat wird dann neuer Rasen ausgesät.
Die im Fachhandel angebotenen Pilzmittel (Fungizide) oder Formalinlösungen sind übrigens nur dann wirksam, wenn sie tief genug in den Boden eindringen, um das Pilz-Myzel völlig zu zerstören.

Der HUNDERTJÄHRIGE KALENDER sagt das Wetter voraus. Manch ein Gartenbesitzer schwört noch heute auf die Voraussagen dieses Werkes; was sich so lange gehalten hat, kann doch nicht falsch sein – ein Nostradamus-Effekt. Nun stammt dieser

Allzeit-Wetterbericht aus einer Zeit, als es noch keine wissenschaftlich-meteorologischen Messungen gab, als der Glaube an Gott groß war und die magischen Kräfte der Natur, zumindest vom Volk, kaum angezweifelt wurden. Daher überrascht es kaum, dass der Kalender zur Zeit Friedrichs des Großen neben der Bibel in fast jedem Haushalt zu finden war. Die Daten gehen auf den Abt Moritz Knauer (1613 bis 1664) zurück, der sieben Jahre lang (!) das Wetter seiner bayerischen Heimat in einem Tagebuch festhielt.

Doch erst die geniale Marketingidee des Erfurter Arztes Hellwig sollte dem Werk zum Erfolg verhelfen. Seit 1721 steht die „Hundert" im Titel, sie suggeriert Zuverlässigkeit und garantiert(e) gute Verkaufszahlen – dabei wurden die Ergebnisse der sieben Jahre lediglich auf 100 Jahre übertragen.

Was war der Hintergrund von Knauers Ansatz? Er ging, damals durchaus up to date, davon aus, dass unser Wetter von sieben „Planeten" (Saturn, Jupiter, Mars, Sonne, Venus, Merkur, Mond) bestimmt wird und sich das Wettergeschehen somit alle sieben Jahre wiederholt. Da bereits die Prämisse falsch ist – weder wird unser Wetter von Planeten bestimmt noch sind Sonne und Mond Planeten – dürfte es kaum überraschen, dass auch die Prognosen mehr als dürftig ausfallen.

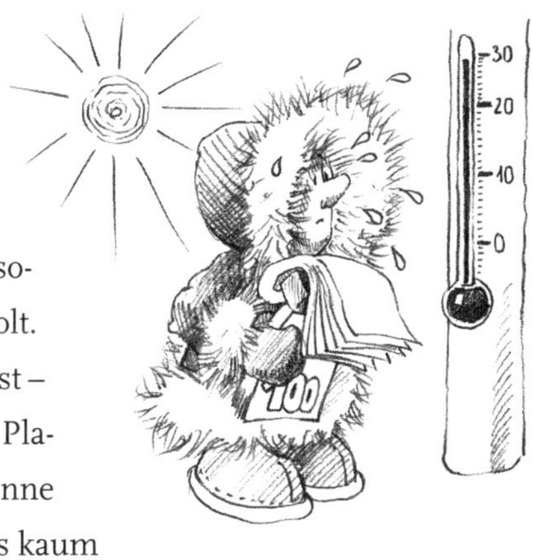

Natürlich landet auch der Hundertjährige Kalender hin und wieder einen Treffer, insbesondere wo er von Trivialitäten ausgeht (Schnee im Januar, große Hitze im August), aber immer dann, wenn es ins Detail geht, ist die Zahl seiner falschen Prognosen mindestens genau so groß wie die Treffer – Zufall eben.

Was es mit den Stacheln der KAKTEEN auf sich hat.

Für ein ganzjähriges Wachstum im Garten sind die Mitglieder dieser amerikanischen, subtropischen bis tropischen Pflanzenfamilie zwar nicht geeignet, aber man findet sie hin und wieder als Kübel- oder Balkonpflanze. Manch ein Liebhaber richtet ihnen sogar ein beheiztes Gewächshaus als komfortable Bleibe ein. Die stacheligen Überlebenskünstler sind ein Paradebeispiel für die nahezu unglaubliche Vielfalt der Evolution.

Zunächst sind die „Stacheln" eines Kaktus eigentlich Dornen. Was sich wie die Beckmesserei von Botanikern anhört, zeigt in Wahrheit, dass im Rahmen der Evolution Strukturen mit gleicher Form und Funktion aus unterschiedlichen Ursprüngen entstehen können: Stacheln sind Bildungen der äußeren Hautschichten, lassen sich also wie bei Rosen relativ leicht und ohne Verletzungen – der Pflanze – abbrechen. Dornen entstehen dagegen aus Wurzeln, Sprossen oder Blättern. Berberitzen haben Blattdornen, Weißdorn und Schlehe Sprossdornen und einige Palmen besitzen Wurzeldornen.

Zurück zum Kaktus: Starre, spitze Gebilde schützen vor Tierfraß, so der erste und oft auch richtige Gedanke beim Anblick von Stacheln oder Dornen. Nun sind Kakteen aber Wüstenbewohner, die mit jedem Tropfen Wasser haushalten müssen. Einerseits besitzen sie daher dick angeschwollene Sprosse, deren Gewebe wie ein Schwamm Wasser speichern können. Andererseits haben ihre zu Dornen umgewandelten Blätter eine sehr viel kleinere Oberfläche als flächenhafte Blätter. Die Dornen schrecken somit nicht nur Tiere ab, sie senken auch merklich den Wasserverlust durch Verdunstung (Transpiration). Und schließlich noch ein Sahnehäubchen der Evolution. Bei einigen Kakteen ist die Oberfläche der Dornen rau wie ein Löschpapier; hier sammeln sich Tau- und Nebeltröpfchen, die den Wasservorrat der Kakteen ergänzen.

KALK fördert das Wachstum.

Ein Sprichwort bringt es auf den Punkt: „Kalk macht reiche Väter und arme Söhne." Kalk (Kalziumkarbonat, $CaCO_3$) stammt aus den fossilen Resten von Tieren. Kalkschalen lagerten sich massenhaft in Seen oder dem Meer ab, wurden durch Druck verfestigt, durch Hebe- oder Faltungsvorgänge verändert (zum Beispiel zu Marmor) oder verlagert.

Letztlich landet Kalk als gemahlenes Gestein im Düngersack und dann auf dem Feld oder im Gartenboden. Da Kalzium zu den Hauptnährelementen gehört, regt eine Kalkdüngung in der Tat den Pflanzenwuchs an, der Boden wird krümeliger, auch die Bodenorganismen profitieren von einer Kalkdüngung („reiche Väter").

Zu viel Kalk setzt aber eine verhängnisvolle Spirale in Gang („arme Söhne"). Mit höherem Kalkverbrauch steigt auch der Bedarf an anderen Nährstoffen an. Um weiterhin optimales Wachstum zu gewährleisten, wird zusätzlicher Dünger oder mehr Humus erforderlich. Da Kalk den pH-Wert anhebt und den Boden alkalischer macht, werden einige Spurenelemente (zum Beispiel Bor, Mangan oder Eisen) stärker an die Bodenteilchen gebunden und stehen den Pflanzen somit nicht mehr zur Verfügung. Es kann zu Mangelkrankheiten kommen, die sich nur mit Spezialdüngern abwenden lassen. Im professionellen Gemüse- und Gartenbau kämpft man daher ständig um eine ausgewogene Bilanz zwischen Kalk (gute Krümelstruktur, Düngungseffekt), pH-Wert (Verfügbarkeit der Spurenelemente) und den übrigen Nährstoffen.

Im Garten kann man zum Glück fast überall auf eine reine Kalkdüngung verzichten, da die meisten normalen Böden ausreichend Kalzium enthalten. Durch regelmäßige Gaben von natürlichen, kalkhaltigen Düngemitteln, wie Steinmehl, Holzasche oder Kompost, hält man den Mineralhaushalt seines Bodens auf natürliche Weise im Gleichgewicht.

Wo KINDER IM GARTEN spielen, muss man auf Wasser verzichten. Um es deutlich und klar zu sagen: Niemand kann, selbst bei besten Absichten, sein Kind so intensiv beaufsichtigen, dass Unfälle ausgeschlossen sind! Daher steht es völlig außer Frage, dass offene Wasserflächen und Kinder nicht zusammen in denselben Garten gehören. Andererseits ist gerade eine Teichlandschaft bestens geeignet, um bei Kindern das Interesse für die Natur zu wecken – ein klassisches Dilemma mit einigen Auswegen.
Ausweg 1: Man grenzt den Teich durch einen stabilen, sicheren Zaun mit verschließbarem Tor vom Garten ab. So ist gewährleistet, dass

Kinder nur zusammen mit einem Erwachsenen Libellen, Wasserläufer, Fische, Frösche und vieles mehr beobachten können. Allerdings sprengt der Aufwand für den Bau eines solchen Zaunes sicher das Budget manches Gartenbesitzers.
Ausweg 2: Man lässt ein stabiles Sicherungsgitter direkt unter der Wasseroberfläche installieren (preiswerte „Notlösungen“ aus dem Baumarkt halten nicht oder selten, was sie versprechen!). Für Kleinkinder, die theoretisch sogar in einer handtiefen Pfütze ertrinken könnten, ist selbst diese Lösung ungeeignet. Sie stellt aber eine durchaus vertretbare Alternative für etwas größere Kinder dar, wenn die Aufsicht gewährleistet bleibt.
Ausweg 3: In einem Sumpfbeet mit Kleinstgewässer stellen sich bereits viele interessante Insekten ein, außerdem wachsen hier mit den Sumpfpflanzen die schönsten Arten eines „echten“ Teiches. Sumpf- oder Moorbeete dürften die sicherste und noch naturnahe Alternative zu offenen Wasserflächen sein.
Schließlich noch Ausweg 4: die so genannten Sprudelsteine. Dabei wird das Wasser durch eine Pumpe über Steine geleitet und fließt sofort, ohne Bildung einer Wasserfläche, wieder in den Wasserkreislauf

ein. Solche Elemente haben zwar keinerlei Ähnlichkeiten mit Natur, spenden aber im Sommer Kühle, verwöhnen mit beruhigend plätschernden Geräuschen und bieten den Kindern toleranter Eltern herrliche Spielmöglichkeiten.

KLETTERPFLANZEN winden sich im Uhrzeigersinn um eine Unterlage.

Die unterschiedlichen Techniken von Kletterpflanzen, sich an ihren Unterlagen zu verankern, sind eine faszinierende Angelegenheit. Neben Arten mit Haftwurzeln (zum Beispiel Efeu, *Hedera helix*) oder Spreizklimmern (zum Beispiel Rosen), die sich mit ihren Stacheln festklammern, wachsen in unseren Gärten vor allem Schling- oder Rankenpflanzen. Sie umschlingen ihre Unterlagen mit dem Spross oder anderen Organen (Waldreben benutzen beispielsweise ihre Blattstiele).

Einer alten Konvention folgend bezeichnet man Pflanzen, die einen Stab im Uhrzeigersinn umwinden, als „Rechtswinder“ (von oben betrachtet dreht sich das Organ von 12.00 Uhr nach rechts), die übrigen als „Linkswinder“ (von 12.00 Uhr nach links).

Nur wenige Pflanzen verhalten sich statistisch und überlassen ihre Winderichtung dem Zufall. Vielmehr halten die meisten Arten eine ganz bestimmte Drehrichtung ein. Typische Rechtswinder sind beispielsweise Hopfen, das Geißblatt oder der wuchernde Windenknöterich. Streng auf Gegenkurs gehen Bohnen, Zaunwinden, Osterluzei oder der Baumwürger (*Celastrus*) – sie sind Linkswinder.

Obwohl das Phänomen seit langem bekannt ist, ist es bis heute nicht gelungen, eine durchgängig plausible Erklärung zu liefern; nur Hypothesen gibt es viele.

Immerhin sind sich die meisten Spezialisten wenigstens in einem Punkt einig: Die Drehrichtung muss im Erbgut festgeschrieben sein. Bereits bei jungen Rankenpflanzen machen die Ranken nämlich kreisförmige Suchbewegungen, deren Drehrichtung streng artspezifisch ist. Ohne einen möglichen richtenden Einfluss der Unterlage drehen sie sich entweder mit oder gegen den Uhrzeiger. Man muss sich diese Wachstumsbewegung wie ein unendlich langsames Lassoschwingen vorstellen – die Dauer einer einzigen Umdrehung dauert zwischen einer und 24 Stunden. Diese Suchbewegung endet erst dann, wenn die Ranke Halt gefunden hat.

Auf dem KOMPOST darf man alle organischen Abfälle entsorgen.

Der Gedanke erscheint verlockend: Da die Abfallunternehmen in vielen Gemeinden Nachlässe für Selbstkompostierer anbieten, könnte man durch umfassende Selbstkompostierung eine Menge Geld sparen. In der Tat werden im Verrottungsprozess eines guten Komposthaufens alle organischen Bestandteile zu Kompost verwandelt.

Die Organismen, die diese Arbeit erledigen, unterscheiden nicht zwischen einer abgenagten Hähnchenkeule und einem rohen Wirsingblatt. Dennoch wäre es fatal, sämtliche organischen Abfälle ohne Unterschied auf den Kompost zu werfen. Der verlockende Geruch fleischlicher Überreste – roh oder gekocht, Fleisch oder Knochen – zöge Ratten und andere Aasfresser aus der weiten Umgebung an. Sie durchwühlen den Kompost nach der Quelle dieses Geruchs und würden sich vermutlich in Erwartung von Nachschub regelmäßig einstellen.

Ähnlich anregende Düfte strömen auch zubereitete Essensreste aus. Außerdem fällt gekochtes Material stark in sich zusammen und för-

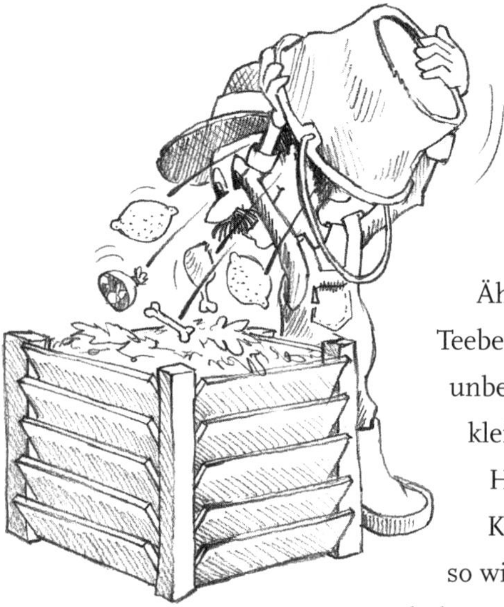

dert damit die Entstehung faulender Stellen. Die einzigen tierischen Stoffe, die in Maßen „erlaubt“ sind, sind zerdrückte Eierschalen und Federn. Ähnlich sparsam dürfen auch Teebeutel, Kaffeefilter mit Inhalt, unbedrucktes Papier, Pappe (zerkleinern!) oder die Asche von Holz und Holzkohle auf den Kompost. Offenbar bleibt also wirklich nur pflanzliches Material übrig, um die Masse des Komposthaufens aufzubauen, doch selbst dabei gibt es gewichtige Ausnahmen. Zitrusfrüchte mit gespritzten Schalen gehören nicht auf den Kompost. Die Spritzmittel hemmen den Angriff von Pilzen, das heißt die Schalen verrotten nicht oder nur äußerst langsam. Kleinere Mengen gut verteilter Bananenschalen sind dagegen erlaubt. Als Faustregel darf man sich nach der Natur richten: Alles, was in einem Laubwald zu Boden fällt oder dort verrottet – Blätter, Zweige, Früchte – darf auf den Kompost.

Zur Sicherheit noch ein wichtiger, eigentlich selbstverständlicher Tipp: Überreste kranker Pflanzen dürfen natürlich nicht in den Kompost gelangen. Sie werden verbrannt oder kommen in den „öffentlichen“ Müll. Bei der professionellen Entsorgung wird das Material verbrannt oder die Erreger während der Kompostierung durch hohe Temperaturen vernichtet. Der Traum vom nachhaltigen Selbstkompostieren ist also leider nur ein Traum.

Was auf dem KOMPOST landet, ist gleichgültig, nur Pflanzen müssen es sein. Wohlgemerkt, hier geht es nicht um die Rechte der Pflanzen, sondern mit diesem Vorurteil betreten wir die höhere Schule der Kompostierung. Sofern die Randbedingungen stimmen, wird in einem Komposthaufen tatsächlich jede Art von organischer, pflanzlicher Substanz zu Kompost verrotten.

Allerdings sind es wie so oft die Zutaten, die die Qualität eines Produktes bestimmen. Leider kann man nicht nach dem Aschenputtel-Prinzip („die Guten auf den Kompost, die Schlechten in die Mülltonne") vorgehen, denn die Abläufe sind etwas komplexer: Kompostbildende Organismen nutzen als Rohstoffe vor allem Kohlenstoff- (C) und Stickstoffverbindungen (N), um damit ihren Stoffwechsel anzutreiben und körpereigene Moleküle aufzubauen. Da Kohlenstoff immer im Überschuss vorhanden ist, benutzt man das so genannte C:N-Verhältnis zur Bewertung der Rohstoffqualität. Enthält die Rotte relativ viel Stickstoff (enges C:N-Verhältnis), laufen alle Stoffwechselvorgänge auf Hochtouren. Der vorhandene Kohlenstoff wird gut umgesetzt, der Rotteprozess läuft relativ schnell ab, es entsteht nach kurzer Reife hochwertiger Kompost mit vielen Mineralien.

Enthält der Kompost dagegen relativ wenig Stickstoff, aber viel Kohlenstoff (weites C:N-Verhältnis) dauert die Rotte nicht nur viel länger, sie hinterlässt auch einen deutlich nährstoff- beziehungsweise stickstoffärmeren Kompost.

Zum Glück muss man das als Gärtner nicht machtlos hinnehmen, sondern kann das C:N-Verhältnis aktiv und zum Positiven hin beeinflussen: Gehölzschnitt oder Getreidestroh haben ein sehr weites C:N-Verhältnis, sie sorgen für den lockeren, durchlüfteten Aufbau des Komposthaufens. Den notwendigen Stickstoff liefern zum Beispiel Stallmist (nicht auf eine Stelle packen, sondern einarbeiten), alle grünen Pflanzenteile, das Stroh von Hülsenfrüchten oder Rasenschnitt (kurz antrocknen lassen und gut verteilen).

Ein guter KOMPOST braucht zwei bis drei Jahre bis zur Reife.

Diese Bauernregel stammt aus einer Zeit, als Komposthaufen nur in großen Gärten oder auf Bauernhöfen angelegt wurden. Die Gartenabfälle lagerte man zunächst auf großen Sammelplätzen. Nach etwa einem Jahr schichtete man das Material fein säuberlich zu einer mächtigen Kompostmiete auf und bedeckte sie mit Erde. Je nach Größe wurde diese Miete nochmals umgesetzt („Reifekompost").

Während der Reifekompost noch vor sich hin rottete, sammelte man wieder neues Pflanzenmaterial, um den Kompost-Kreislauf in Gang zu halten. Nach einer Gesamtlagerzeit von einigen Jahren standen dann mehrere Kubikmeter Kompost zur Verfügung. Er war in hohem Maße mineralisiert, das heißt er enthielt einen großen Anteil mineralischer Nährstoffe (also Dünger), dafür aber relativ wenige organische Bestandteile.

In unseren kleinen Hausgärten wäre kein Platz für solche Ungetüme. Vor allem jedoch hat sich unsere Einstellung gegenüber dem Kompost verändert: Wir schätzen ihn weniger als mineralischen Dünger, sondern als Mittel, das Bodenleben zu verbessern. Schon nach etwa einem Jahr Reife enthält der Kompost eine gesunde Mischung aus verrottetem und angerottetem Material, Mineralien und zahlreichen Bodenorganismen. Bringt man ihn in diesem Zustand auf ein Beet, verbessert er Nährstoffgehalt, Bodenstruktur und Durchlüftung und steigert damit langfristig die Fruchtbarkeit des Bodens, ohne ihn auszulaugen.

Noch schneller ist der so genannte Mulchkompost fertig: Er besteht aus zerkleinertem Material, das während der warmen Jahreszeit für zwei bis drei Monate auf dem Kompost gelegen hat und dann wie Mulch auf dem Boden verteilt wird. Die Rottevorgänge laufen flächenhaft weiter – Mulch und Kompost in einem. Schnell und wirkungsvoll sind auch die Schnellkomposter aus Kunststoff oder Metall, bei denen man den fertigen Kompost kontinuierlich entnimmt.

Wer einen KOMPOSTHAUFEN anlegt, muss mit Geruchsbelästigung rechnen. Obwohl die Autoren der Biogarten-Szene beinahe gebetsmühlenartig wiederholen, wie unsinnig dieses Vorurteil doch sei, lässt es sich offenbar nicht ausrotten; hier also ein weiterer Versuch. In einem „guten“ (!) Komposthaufen laufen in etwa dieselben Vorgänge ab wie im Waldboden: Organisches Material verrottet, wird zersetzt und fließt als Humus beziehungsweise Kompost wieder in den Nährstoffkreislauf ein – so weit, so einfach und doch nicht ganz korrekt. Ein Komposthaufen ist eben keine flache Schicht wie der Waldboden, dort herrschen andere Bedingungen. Die Lebenselemente für die kompostierenden Tiere, Pilze und Mikroorganismen – Wärme, Feuchtigkeit und Luftsauerstoff – haben anders als im Waldboden keinen ungehinderten Zugang in den Komposthaufen. Dabei stellt die Wärme noch das geringste Problem dar, denn die Stoffwechselvorgänge vieler Bakterien erzeugen Wärme. Dennoch sollte ein Komposthaufen zur Sicherheit weder im Vollschatten noch in der prallen Sonne stehen. Fehlende Feuchtigkeit wird vor allem an heißen Tagen zum Problem, daher ist lichter Gehölzschatten ideal.

Wenn man seine Pflanzen gießt, sollte daher stets auch der Kompost etwas Gießwasser abbekommen – er muss feucht sein, darf allerdings nicht vor Nässe triefen. Schließlich noch der Sauerstoff, von dessen Zugänglichkeit die Geruchsbelästigung direkt abhängt. Die Evolution hat dafür gesorgt, dass nichts in der Natur verschwendet wird, das heißt selbst eine dicht gepackte, feuchte Lage aus Rasenschnitt findet noch Interessenten. Einige Pilze und Bakterien können Rohstoffe nämlich auch unter Luftabschluss verwerten. Nur bei solchen Gärungsvorgängen entstehen Abfallprodukte, die unsere Nasen als ziemlich unangenehm empfinden – kurz, der Kompost stinkt.

Wenn man jedoch darauf achtet, das Material im Komposthaufen locker zu schichten und gut zu durchlüften, haben diese Organismen keine Chance. Abwechselnd grobe (zum Beispiel zerschnittene Zweige) und feine Materialien, offene Seiten (Latten- oder Drahtgitter) sowie gelegentliches Rütteln mit einer Grabgabel lassen genügend Luft in den nun garantiert gut duftenden Haufen eindringen. Sofern man behutsam vorgeht, dürfen selbst Problem-Gartenabfälle wie Rasenschnitt auf den Kompost. Breiten Sie frisch geschnittenen Rasenschnitt zunächst zum Antrocknen unter Sträuchern aus. Gut vermischt mit grobem Material darf das Gras dann auf den Kompost; der Rest bleibt unter den Sträuchern liegen.

Die Hitze im Innern eines KOMPOSTHAUFENS tötet Keime und Unkrautsamen ab.

In einer klassischen, durch Erde nach außen abgedichteten Kompostmiete entstehen durch die Stoffwechseltätigkeit der Mikroorganismen Temperaturen von bis zu 70 °C. Diese Hitze reicht aus, um Samen und viele Keime zu zerstören (zum Vergleich: beim Pasteurisieren von Lebensmitteln wird die Probe mehrmals auf 60 °C erhitzt). Die Zahl der potenziell „schädlichen" Keime ist allerdings recht groß und manche Pilzsporen beziehungsweise Überdauerungsstadien von Bakterien überleben selbst härteste Bedingungen. Ohnehin werden in den üblichen Kompostbehältern aus Draht oder Latten derart hohe Temperaturen nur selten erreicht. Man darf also auf keinen Fall damit rechnen, Krankheitskeime aus befallenen Pflanzen unschädlich zu machen. Sie würden mit dem Kompost unversehrt wieder in den Garten gelangen; weitere Infektionen wären vorprogrammiert! Kranke Pflanzenteile gehören auf keinen Fall auf den Komposthaufen.

Unkrautsamen sind zwar nicht schädlich, dafür aber mehr als lästig. Wer ganz sicher sein will, dass der ausgestreute Kompost keine Samen enthält, muss sich die Mühe machen, den organischen Abfall vor der Kompostierung auf Samen zu untersuchen. Die Chance, das man wirklich alle Unkrautsamen aussortiert, stehen allerdings sehr schlecht.

Zum Glück lässt der Kompost ein Hintertürchen für sortierfaule Gärtner übrig: In der feuchten Wärme seines Inneren keimen viele (leider nicht alle) Samen aus, schaffen es aber nicht bis ans Licht – das Unkraut stirbt, bevor es neue Samen bilden konnte.

Auf einen KOMPOST gehören Kürbisse als Sonnenschutz.

Reifende Komposthaufen sind nicht unbedingt ein hübscher Anblick, außer vielleicht für die Hardliner unter den Ökofreaks. Daher versuchen viele Gärtner, diesen überaus nützlichen Bestandteil des Gartens zu kaschieren. Wenn die räumlichen Verhältnisse weder Hecke noch Sträucher als Abschirmung erlauben, bleibt nur der Bewuchs. Kürbispflanzen gelten dabei als besonders praktisch. Ihre großen Blätter sehen sehr hübsch aus, decken den Kompost zu, beschatten ihn und als Zugabe gibt es dann die leckeren Kürbisfrüchte. Ästhetik, Verdunstungsschutz und Ernte – offenbar eignen sich Kürbisse wirklich für den erwünschten Zweck.

Kürbisse gehören jedoch zu den stark nährstoffzehrenden Pflanzen, weil sie beim Wachstum ihrer Früchte enorme Mengen an Nährstoffen verbrauchen. Lässt man sie auf dem Kompost wachsen, saugen sie mit ihrem Wurzelwerk förmlich die Nährstoffe aus ihm heraus. Natürlich kann man den Kompost nach der Kürbisernte immer noch als Mulch verwenden, er ist nun allerdings stark an mineralischen Nährstoffen verarmt.

Wie für viele Gartenprobleme gibt es auch hier eine ziemlich einfache Lösung: Man pflanzt den Kürbis nicht auf, sondern neben den Kompost in gut gedüngten Boden. Sobald die ersten Ranken auswachsen, werden sie über den Kompost geleitet. Ähnlich lassen sich übrigens auch andere Kletterpflanzen, etwa die Kapuzinerkresse, über einen Komposthaufen erziehen.

KOMPOSTSTARTER sind notwendig, um die Verrottung in Gang zu bringen.

Selbstverständlich ist auch die Biobranche nicht frei von schwarzen Schafen, daher darf man ihre Produkte ruhig mit einem gehörigen Maß an Skepsis und gesundem Menschenverstand bewerten. Was also ist von den Kompoststartern zu halten, ohne die man angeblich keinen optimalen Kompost erhält? Organisches Material, das Verbindung zum Gartenboden hat, gut durchmischt wurde, am richtigen Platz liegt und mit Wasser versorgt wird, braucht keine Starthilfe. Ein solcher „Kompost-im-Werden" enthält bereits alle Rohstoffe und Organismen, die zu seiner Verrottung erforderlich sind. Ein Übriges tun einige Schaufeln guter Gartenerde (noch besser wirkt übrigens fertiger Kompost), die man unter den Haufen mischt.

Die meisten kommerziellen Kompoststarter enthalten Überdauerungsstadien von verschiedenen Bodenbakterien, Tonminerale, Spurenelemente, Kräuterextrakte sowie diverse Zusatzstoffe. Man darf sie ohne Skrupel dem Kompost beimischen, da sie bestens geeignet sind, das eigene Gewissen zu beruhigen – unbedingt nötig sind sie nicht, aber schaden können sie auch nicht. Einige Kompostgenerationen weiter wird man vermutlich ohnehin auf sie verzichten. Entsprechend kann auch das im klassischen Gartenbau oft empfohlene Kalken des Kompostes entfallen. Die Abfälle eines normalen Gartens sorgen fast immer ganz automatisch für den optimalen pH-Wert (5,5 bis 7,5) eines Komposthaufens.

Bei der **KOPFDÜNGUNG** gibt man den Dünger über den „Kopf“(Blätter) der Pflanzen. Die Bezeichnung für diese Form der Düngung lässt sich nicht, wie die Überschrift vielleicht nahe legt, von der Richtung des Düngerstrahles ableiten. Vielmehr soll diese Düngung „pro Kopf“ verabreicht werden und einer Pflanze direkt „zu Kopfe“ steigen – genug der Semantik. Mit einer Kopfdüngung unterstützt der Gärtner ganz gezielt einzelne Pflanzen immer dann, wenn sie große Mengen an Nährstoffen verbrauchen. Der Dünger wird als Körnchen (Mineraldünger; anschließend reichlich gießen) oder in gelöster Form (Düngerbrühe/Pflanzenjauchen oder gelöster mineralischer Dünger) ringförmig um eine Pflanze aufgebracht. Auf diese Weise gelangt der Dünger rasch in die Erde, an die Wurzeln und von dort in den Pflanzenkörper.

Typische Kandidaten für eine Kopfdüngung sind zum Beispiel Blumenkohl und Brokkoli (wenn sich die Blütenstände bilden), alle Formen von Kopfkohl (während der Phase des schnellen Wachstums), aber auch Bohnen oder Porree. Eine sparsame Kopfdüngung kann auch im Staudenbeet während der Hauptblühperiode sinnvoll sein. Beachten Sie jedoch, dass eine Kopfdüngung immer nur ergänzend verabreicht wird, das heißt nach der Grunddüngung im Frühjahr.

Übrigens nennt man die Düngergabe von oben, direkt auf das Laub, Blattdüngung (zum Beispiel bei Rosen oder bei den Schwimmblättern der Seerosen). Sie wird allerdings nur selten und dann auch nur bei ganz bestimmten Mangelerscheinungen angewandt. Lösungen für die Blattdüngung enthalten den Dünger allerdings stets in schwach konzentrierter Form, um die Pflanzen nicht zu verätzen.

KRESSE ist eine Gewürzpflanze für den Salat. Wer bei Kresse nur an das tönerne „Kresseschwein" denkt, auf dem man dieses pikante Kraut ein paar Tage lang keimen lässt, dürfte keine Probleme mit Namensverwechslungen haben. Schon der Blick in ein einfaches Gartenbuch beweist jedoch, dass sich viel mehr Arten mit diesem „krassen" Namen schmücken als vermutet.

Aus dem althochdeutschen *kresso* (Herkunft unbekannt) wurde im Mittelhochdeutschen *kresse*. Damit bezeichnete man alle Arten von Blumen mit vierzähligen Blüten, was sich bis heute im Namen vieler Kreuzblütengewächse erhalten hat. Urtyp ist die Gartenkresse (*Lepidum sativum*; die vom Kresseschwein) oder die Brunnenkresse (*Nasturtium officinale*), die man ebenfalls in Gewürzbeeten oder Kräuterspiralen findet.

Beliebt im Garten sind weiterhin die Steinkresse (*Alyssum*) als Steingartenpflanze, und die Graukresse oder Sumpfkresse. Kein Kreuzblütler und noch nicht einmal entfernt mit ihnen verwandt ist dagegen die Kapuzinerkresse (*Tropaeolum*), ein Einwanderer aus Südamerika. Noch ein paar Beispiele? Bitterkresse, Gemskresse, Pfeilkresse, Pfriemenkresse, Winterkresse, Gänsekresse ... Botaniker haben wirklich gute Gründe, Carl von Linné und seine lateinische Nomenklatur (botanische Gattungs- und Artnamen) zu schätzen.

Das schnelle Wachstum der (echten) Gartenkresse macht sie übrigens zum idealen Lückenbüßer für Balkonkästen und Kübel-Arrangements. Sie werden einfach dazwischengesät. Übrigens läßt sich Kresse auf mehreren Lagen feuchtem Filterpapier auf einem Drahtgeflecht als Mini-Formschnitt-Pflanze zu einfachen Formen gestalten (Samen quellen lassen, auf das Filterpapier kleben und kontinuierlich feucht halten).

KÜBEL- UND BALKONPFLANZEN müssen reichlich gedüngt werden. Manchmal ist es zum Verzweifeln: Da blühen die Blumen auf Nachbars Balkon, dass es eine Pracht ist, und die Pflanzen in den eigenen Kästen kümmern nur vor sich hin.

Wer jetzt hemmungslos zum Flüssigdünger greift, um seinen Lieblingen auf die Sprünge zu helfen, erreicht oftmals genau das Gegenteil. Der Düngerbedarf einer Pflanze ist einerseits vom Erbgut – manche Pflanzen brauchen „magere", andere nährstoffreichere Böden – vor allem jedoch von der Entwicklungsphase abhängig. Stark wachsende beziehungsweise blühende Pflanze verbrauchen große Mengen an Nährstoffen, die in den Aufbau von Blatt- und Blütenmaterial fließen. Weil ihnen der relativ enge Wurzelraum in einem Topf nicht genug Nachschub liefern kann, wird Düngen erforderlich. Zu viel Dünger kann jedoch dazu führen, dass die Pflanzen reichlich Wasser in ihre Gewebe einlagern. Die Stabilität von Sprossen und Trieben nimmt ab und die Pflanze wird anfälliger gegenüber Krankheiten und Schädlingen. Wird die Düngermenge noch weiter gesteigert, kann die Pflanze nicht mehr genug Wasser aufnehmen; sie beginnt zu welken und kann schließlich sogar absterben („verbrennen").

Fast wichtiger als der Dünger sind Topf und Grundsubstrat: Der Behälter muss Abzugslöcher für überschüssiges Wasser besitzen, die mit Tonscherben oder Steinen abgedeckt werden. Verwenden Sie ausschließlich spezielle Topferde, die mit „Basisdüngern" angereichert wurde.

Um grobe Fehler zu vermeiden – wer misst schon die Düngermenge relativ zum Topfvolumen ab – bietet uns der Fachhandel viele nützliche Hilfestellungen. Man kann der Pflanzerde besondere Langzeitdünger für Topfpflanzen beimischen (allerdings

nicht die typisch organischen Produkte, wie Hornspäne oder Hornmehl) oder sich für Düngestäbchen entscheiden, die in die Erde gesteckt werden.
Noch einfacher, allerdings etwas teurer, sind Tongranulate mit Wasserstandanzeiger und speziellen Langzeitdüngern. So zeigen Sie Ihren Nachbarn den grünen Daumen!

KÜMMEL ist ein Gewürz mit tropischen Ursprung. Da viele unserer heute ganz selbstverständlich genutzten Gewürze aus den Tropen stammen, liegt der Gedanke vielleicht nicht ganz fern, dass Kümmel aus den Tropen kommt. Als die Segelschiffe portugiesischer, spanischer und anderer Entdecker auf große Reise gingen, war das Verlangen nach Gewürzen – und dem Profit, den man damit machen konnte – sicher eine der Triebfedern.
Im Unterschied zu Pfeffer und Nelken, Ingwer und Vanille ist der Kümmel jedoch ein typisch nordeuropäisches Gewürz, das man bereits in den Siedlungen der Steinzeit nachgewiesen hat. Es handelt sich um die Teilfrüchte eines Doldengewächses (*Carum carvi*), das wild auf Wiesen und an Wegrainen wächst.
Immerhin gibt es eine lockere Querverbindung zu einem fremdländischen Gewürz: Wenigstens der Name „Kümmel“ geht nämlich auf eine Eindeutschung des lateinischen *cuminum* zurück. Damit bezeichneten die Römer ein Gewürz, das sie aus ihrer Heimat kannten. Dieser Römische Kümmel, auch Kreuzkümmel genannt (*Cuminum cyminum*), ist ein ebenfalls sehr altes Gewürz, das schon die alten Ägypter ihren Mumien als Beigabe in die Grabkammern legten. Griechen und Römer kannten ihn und so kamen sowohl Gewürz als auch Name über die Alpen und konnten sich dort etablieren.

Trotz des ähnlichen Namens unterscheiden sich die geschmacksgebenden, ätherischen Öle der beiden Gewürze stark voneinander. Kreuzkümmel schmeckt strenger, aromatischer, fast schon bitter. Während der heimische Kümmel fast ausschließlich im mitteleuropäischen Bereich verwendet wird, ist der Kreuzkümmel viel weiter verbreitet. Er taucht in Rezepten des Mittelmeerraumes auf, ist Bestandteil indischer Currys und Chutneys und wird auch in den USA diversen Produkten beigemischt. In Mitteleuropa verwendet man ihn nur in den Niederlanden als Käsegewürz.

Beide Kümmelarten kann man im eigenen Garten ziehen: Ganz sicher klappt es mit dem heimischen Kümmel. Diese zweijährige Art wird in ein sonniges, aber feuchtes, nährstoffreiches Beet gesät. Etwas Kalk fördert das Wachstum. Blüten und Früchte erscheinen im zweiten Jahr. Kreuzkümmel braucht einen absolut warmen Standort, zum Beispiel ein gut besonntes Plätzchen in einer Kräuterspirale – aber selbst da reift er nur in wirklich sonnenreichen Jahren gut aus.

KUNSTDÜNGER ist schädliche „Chemie" für die Pflanzen.

Leider wird dieses Vorurteil üblicherweise so leidenschaftlich und vehement vertreten, dass jeder Versuch einer kritischen Auseinandersetzung bereits im Keime erstickt wird. Als Fritz Haber (1868 bis 1934) und Carl Bosch (1874 bis 1940) das nach ihnen benannte Verfahren zur Düngerherstellung verwirklichten, gab es jedoch nicht etwa entsetztes Geschrei, sondern einhellig Stürme der Begeisterung. Nun waren die Landwirte endlich nicht mehr ausschließlich vom Boden, von Gülle, Mist und Guano abhängig; sie

konnten mit relativ geringen Kosten den Ertrag ihrer Felder steigern und mehr Menschen mit Nahrungsmitteln versorgen.
Das sah auch das Nobelpreiskomitee nicht anders, das 1918 und 1931 je einen Nobelpreis an die Entdecker vergab. Das Haber-Bosch-Verfahren nutzt den Stickstoff der Luft als unerschöpflichen Rohstoff und wandelt ihn technisch in Nitratdünger um. Diese Düngermoleküle sind zwar Produkte einer chemisch-technischen Reaktion, aber mit den natürlich vorkommenden Molekülen völlig identisch. Sie sind also weder „künstlich“ noch gar schädlich!
Die Problematik der Kunstdünger liegt auf zwei weniger leidenschaftlich beackerten Feldern: Um den Stickstoffdünger herzustellen, ist eine enorme Menge an Energie nötig. Für 1 Kilogramm Stickstoff braucht man zwei Liter Erdöl.
Zum Zweiten wird Kunstdünger in der Landwirtschaft und im Garten nicht angemessen verwendet. Statt gezielt und in geringen Mengen wird der Kunstdünger meist „reichlich“ ausgestreut. Der Boden kann die Düngermoleküle aber nur begrenzt speichern, das heißt die nicht von den Pflanzen aufgenommenen Mineralien landen letztlich im Grundwasser, in Flüssen und Seen. Dort fördern sie das Algenwachstum und tragen maßgeblich zur Eutrophierung unserer Gewässer bei. Die großen Mengen absinkender Biomasse lagern sich auf dem Gewässergrund ab und setzen den Kreislauf von Faulschlamm und Organismensterben in Gang.

Im Kleingarten ist es meist ohnehin nicht erforderlich, Kunstdünger (Volldünger) zu verwenden, hier kommt man mit Kompost und organischen Düngern mit Langzeitwirkung aus. Statt mit dem genannten falschen Vorurteil zu argumentieren, sollte man sich korrekter auf seine ökologische Verantwortung berufen und auf Kunstdünger verzichten!

Im Herbst muss das LAUB unter den Sträuchern entfernt werden.

Für viele Gärtner gehört das „Entlauben" der Erde noch immer zu den wichtigsten Wintervorbereitungen. Wenn man andererseits bedenkt, wie viel Mühe sich andere Gärtner – oder sollten es gar dieselben sein? – damit machen, ihre Beete zu mulchen, dann wird diese herbstliche Arbeitswut noch unverständlicher.
Vielleicht spielt auch die Lust eine Rolle, die vorwiegend männliche Gärtner dabei empfinden, mit einem prachtvollen, lauten Gebläse das Laub „professionell" in seine Schranken zu weisen. Von welcher Seite man es auch betrachtet, es gibt kein vernünftiges Argument für die Laubschlacht, dagegen aber viele.

Laub ist ein perfekter, natürlicher Mulch für die Erde unter Gehölzen. Die Laubschicht bietet Kleintieren Schutz und Nahrung. Hier sucht der Igel nach Beute oder scharrt sich Blätter für sein Winterquartier zusammen. Laub verwandelt sich in Humus und verhindert das Austreiben vieler Unkräuter. Knollen- und

Zwiebelpflanzen sowie viele Frühblüher brauchen die Laubschicht sogar als Isolierung vor der winterlichen Kälte.
Und „last, but not least“: Wer darauf verzichtet, sein Laub zusammenzurechen, hat eine ökologisch fundierte Ausrede, richtig faul zu sein!

LAUB verrottet zu langsam und gehört nicht auf den Kompost. In kleineren Gärten mit gemischter Bepflanzung dürfte dieses Problem kaum ins Gewicht fallen, da sich hier der Kompost aus vielerlei pflanzlichen Materialien zusammensetzt. Laub ist also nur ein Rohstoff unter vielen und kann bedenkenlos kompostiert werden. Wie sieht es jedoch in Gärten mit dichtem Gehölzbewuchs aus?
Immerhin fällt dort sehr viel Laub in einem eng begrenzten Zeitraum an. Sofern das Laub nicht einfach liegen bleiben darf (siehe vorheriges Stichwort), kann es durchaus kompostiert werden. Allerdings gibt es einige Bäume, deren Blätter nur sehr langsam verrotten. Dazu gehören vor allem Arten mit hohem Gerbstoffgehalt, wie Eiche, Kastanie, Nussbaum oder Platane. Ihre Blätter können mehrere Jahre im Komposthaufen verbringen, bis sie sich vollständig in Humus verwandelt haben. Da der Kompost vor Gebrauch aber ohnehin gesiebt wird, durchlaufen sie den Zyklus in immer neuer Mischung eben mehrmals hintereinander.
Andere Gehölzarten brauchen länger, weil sie ein weites C:N-Verhältnis haben, das heißt sie enthalten relativ wenig Stickstoff (zum Beispiel Eichen, Rotbuchen, Birken). Sehr schnell setzt sich dagegen das Laub von Obstbäumen, Eschen, Ulmen oder Ahornbäumen um.
Da Gartengehölze sicher nicht nach ihrer guten Kompostierbarkeit ausgewählt werden, muss man mit dem leben, was der Garten als Rohstoff liefert und das Beste daraus machen.

Widerspenstiges Laub lässt sich übrigens deutlich schneller kompostieren, wenn man grüne Pflanzen (Brennnesseln sind bestens geeignet) oder tierische Dünger (Horn-, Knochenmehl oder Mist) beimischt – beides steuert den benötigten Stickstoff für die Kompostorganismen bei. Im Frühling sollte das Laub des letzten Herbstes stark zusammengesunken sein. Es wird umgesetzt, dabei gemischt und gelockert und steht schon im Sommer als guter, dunkler Laubhumus zur Verfügung.

Übrigens liefert Laub, dem kein Kalk zugesetzt wurde, einen leicht sauren Kompost, der bestens für Rhododendren und Beerensträucher (zum Beispiel Heidelbeeren) geeignet ist.

OPAS LEIMRINGE sind tot.

Früher zierten allerorten helle Leimringe den Stamm von Obstbäumen, um die Insekten davon abzuhalten, den Stamm nach oben zu klettern und dort ihre Eier abzulegen. Diese etwas arbeitsaufwändige Methode verschwand zuerst im kommerziellen Obstbau. Es schien viel einfacher, mit großen Spritzgeräten zwischen den Baumreihen durchzufahren, und Insektizide in die Obstbäume zu spritzen. In modernen Spalierobstplantagen war ohnehin kein Platz mehr für den Leimring. Die Hausgärtner gingen später dann denselben Weg. Der Griff zur fortschrittlichen Spritze, gefüllt mit garantiert wirksamen Insektiziden, löste das unbequeme Aufbringen der Leimringe ab. Vielleicht fühlte sich auch mancher durch Trendzeitungen geschulte Gartenästhet mit den auffallenden Bauchbinden um seine Baumstämme nicht wohl.

Inzwischen hat jedoch ein Umdenken eingesetzt, der „gute, alte“ Leimring erlebt eine Renaissance. Selbst in den kommerziellen Obstplantagen, wo noch mit Hochstämmen gearbeitet wird, konnten die preisgünstigen Ringe wieder Boden gut machen. Das Prinzip ist einfach und wirkungsvoll: Einige Schadinsekten, insbesondere die Frostspanner, überwintern auf Laubbäumen. Die ungeflügelten Weibchen krabbeln im Herbst die Baumstämme hinauf und legen ihre Eier wintersicher in der Krone ab. Aus ihnen schlüpfen im nächsten Frühling Raupen, die sich über Blätter oder Früchte hermachen (zum Beispiel „Hohlfraß“ bei Kirschen).

Dank des Leimringes bleiben die weiblichen Insekten auf dem Weg nach oben am Leim kleben – sie gelangen gar nicht erst zur Eiablage, der Kreislauf ist unterbrochen. Ein interessanter Nebeneffekt betrifft indirekt auch die Ameisen, die ihre Blattlauskolonien in den Kronen pflegen und schützen – sie bleiben ebenfalls auf dem Weg nach oben kleben.

Der Fachhandel bietet die Leimringe komplett an; man muss sie nur noch im Spätsommer, spätestens bis Ende September fest um den Baumstamm binden. Da sich an ihnen aber auch Nützlinge fangen, werden sie im nächsten Frühling wieder abgenommen. Die weiße Farbe übt einen recht starken Lockeffekt auf andere Insekten aus. Deshalb wird auch grün eingefärbtes Leimringpapier angeboten, das etwas weniger anziehend aussieht (Nachfrage lohnt sich!).

MAIS ist ein Gemüse. Da man ihn in Form gelber Körner als „Gemüsemais“ neben Erbsen und Bohnen im Supermarktregal findet, scheint der Gedanke gar nicht so fern zu liegen. Die ersten Europäer, die den Mais zu Gesicht bekamen, waren Kolumbus und seine Männer. Sie brachten Maispflanzen von den Karibischen Inseln nach Europa und prägten damit auch seinen Namen: „mahiz“ nannten die Inselbewohner ihr Grundnahrungsmittel. Von Europa aus breitete sich der Maisanbau rasch nach Asien und Afrika aus.

Mais gehört in wirtschaftlicher, botanischer und genetischer Hinsicht zu den bemerkenswertesten Nutzpflanzen der Erde. Die Maiskörner sind allerdings kein Gemüse, sondern Früchte eines Grases. Wie Weizen oder Reis ist der Mais ein Getreide. Seine zahlreichen Sorten nehmen weltweit in Anbaufläche und Ertrag nach dem Weizen den zweiten Platz ein, rangieren also noch vor dem Reis.

Botanisch ist die Maispflanze interessant, weil bei ihr männliche und weibliche Geschlechtsorgane zwar auf einer Pflanze, aber in getrennten Blüten untergebracht sind (Einhäusigkeit): Die männlichen Blüten bilden Rispen am Sprossende, die weiblichen, aus denen die Maiskolben entstehen, sitzen in den Achseln der unteren Blätter.

In Mythen und Religion der Mayas und Azteken taucht der Mais ganz plötzlich, als Geschenk der Götter an die Menschen auf. Auch als genetisches Phänomen kann sich der Mais sehen lassen. Heute weiß man, dass Mais tatsächlich nicht wie andere Nutzpflanzen nach und nach aus Wildpflanzen gezüchtet wurde. Er entstand vielmehr als spontaner Hybrid aus der zufälligen Kreuzung zweier verschiedener Elternarten – eine echte Göttergabe eben. Moderne Genetiker kennen den Mais wegen seiner „springenden Gene“. Für die Entdeckung dieses Phänomens erhielt die amerikanische Biologin Barbara McClintock sogar den Nobelpreis.

Man kann die Zuckermaissorten übrigens relativ problemlos im eigenen Garten aussäen. Mais braucht nahrhaften, humusreichen Boden, viel Sonne und während der Hauptwachstumsphase reichlich Wasser – und Platz.

Erdhügel im Garten sind .. ein Hinweis auf MAULWÜRFE.

Nicht jeder Hügel, der sich plötzlich im Garten aufwölbt, muss von einem Maulwurf stammen. Auch Wühlmäuse, insbesondere die Schermaus, schaffen den Abfall ihrer grabenden Tätigkeit ins Freie. Da Maulwürfe sehr nützliche Gartenbewohner sind und zudem unter Naturschutz stehen, sollte man ihre Hinterlassenschaften von denen der Wühlmäuse sicher unterscheiden können: Wühlmaushaufen sind flacher, treten seltener auf und sind häufig von Wurzeln durchsetzt. Maulwurfshügel bestehen immer aus lockerer, krümeliger Erde. Ausgehend von dem Haufen lassen sich die geraden Wühlmausgänge oft als leichte Aufwölbungen im Boden verfolgen, während die verwinkelten Maulwurfsgänge keine oberirdischen Spuren hinterlassen.

Letzten Aufschluss geben Form und Art der Gänge (mit einem scharfen Spaten sauber abstechen):

Maulwurfsgänge sind etwas breiter als hoch (ungefähr vier bis fünf Zentimeter breit, drei bis vier Zentimeter hoch, Wurzeln

wachsen in die Gänge hinein), während Wühlmausgänge höher sind als breit (neun Zentimeter Höhe bei sechs Zentimeter Breite, Wurzeln sind sauber abgefressen).
Da sich Wühlmäuse über die Wurzeln zahlreicher Pflanzen hermachen, können sie zur echten Plage werden. Man kann versuchen, sie durch Lärm, zum Beispiel mit Eisenstangen, „flötende“ Flaschen, Druckwellen erzeugende Geräte oder abwehrende Pflanzen, wie Kaiserkrone, Knoblauch und Schwarze Johannisbeere, zu vergrämen.

Sollten die Wühlmäuse jedoch weiterhin pudelwohl der unterirdischen Musik lauschen und dabei Würzelchen verzehren, helfen nur Fallen oder vergiftetes Futter. Zum Schutz besonders wertvoller Pflanzen (von Rosen bis hin zum Wurzelgemüse) kann man stabilen Maschendraht mit etwa anderthalb Zentimetern Maschenweite 50 bis 80 Zentimeter tief in den Boden eingraben – das ist zwar aufwändig, aber sehr wirkungsvoll.
Noch ein Tipp für Gärtner, die in ihrem Garten keine Maulwurfshügel wollen: Die Erde von Maulwurfshügeln gibt hervorragende Topferde ab.

MÄUSE sind Schädlinge. Vermutlich sind die wenigsten Gartenbesitzer in der Lage, eine „echte“ Maus als solche zu erkennen. Alles was klein genug ist, um keine Ratte zu sein, einen weichen Pelz und einen langen Schwanz hat, geht als Maus durch. Noch weniger dürften sie den Schaden benennen können, den Mäuse eigentlich anrichten. Nicht ganz unschuldig an dieser Situation ist unsere Hausmaus, der wir mit allen Mitteln zu Leibe rücken – wir übertragen die negativen Eigenschaften dieses Käsediebes einfach auf die frei lebenden Mäuse.

Fast alle Mäuse gehören zur Ordnung der Nagetiere. Sie tragen in Ober- und Unterkiefer je zwei Schneidezähne, die lebenslang weiter wachsen und sich durch Abnutzung messerscharf wetzen.
Der bekannteste Vertreter der Echten Mäuse (Familie *Muridae*) ist die bereits genannte Hausmaus. Sie traut sich höchstens im Sommer ins Freie – somit fällt sie als potenzieller Schädling aus. Die Waldmaus unterscheidet sich von ihr durch einen hellen Kehlfleck. Sie lebt vorwiegend versteckt in Wald und Feld und dringt nur in ländlichen Gegenden bis in die Gärten vor. Allerdings sucht sie dort nach Insekten, Würmern und Schnecken, gehört also eindeutig zu den Nützlingen. Die Feldmaus ist etwas größer und hat einen kürzeren Schwanz; sie gehört zur Familie der Wühler (*Cricetidae*). Auch sie sucht ihre Nahrung ausschließlich in Feldern und Wiesen. Die seltene, kleine Haselmaus mit dem buschigen Schwanz gehört zu den Bilchen (Familie *Gliridae*) und richtet praktisch keine Schäden an – sofern sie überhaupt in Gärten auftaucht.

Nur wünschen kann man sich, dass eine der Spitzmausarten (Familie *Soricidae*) ihren Weg in den Garten findet. Sie gehören zur Ordnung der Insektenfresser, sind also gar nicht mit den Mäusen verwandt. Spitzmäuse verzehren Nacht für Nacht den Gegenwert ihres Körpergewichtes an Schnecken, Insekten und Larven – sie sind also perfekte und hochwillkommene Nützlinge.

Das kann man allerdings von einem anderen Vertreter der Wühler nicht sagen: Die Schermaus, die „Wühlmaus“ schlechthin, wird bis 20 Zentimeter lang und hat einen zehn Zentimeter langen Schwanz. Schermäuse wühlen sich Gänge in den Boden und fressen alles ab, was ihnen dabei an Wurzeln in die Quere kommt.

Die Wühlmaus ist tatsächlich die einzige „Maus“, die ernstliche Schäden anrichtet.

MOOSE sind primitive Pflanzen, die nicht blühen.

Die sorglose Verwendung des Wortes „Moos“ hat wenig mit Botanik, dafür umso mehr mit sprachlichen Verwandtschaften zu tun. Schon die Altgermanen bezeichneten mit „mos“ (verwandt mit unserem Wort Moder) sowohl den Sumpf wie eine darin wachsende Pflanze – und dabei ist es bis heute geblieben. Im Süddeutschen werden Moore noch immer Moos genannt („Donaumoos“). Der Begriff „Moor“ ist übrigens viel jünger; er wurde erst seit dem 17. Jahrhundert aus der Mundart ins Hochdeutsche übernommen. Die Verquickung von Standort und Pflanze macht durchaus Sinn, da Moose den feuchten Grund brauchen, den sie in Moosen/Mooren finden. Die Aussage des Gartenirrtums gilt allerdings nur für echte Moose (blütenlose Pflanzen mit Generationswechsel und ohne ausgeprägte Wurzeln, Spross und Blätter). Sie stellen sich von selbst als unerwünschte Gäste im Rasen oder erwünschter Schmuck auf romantisch bemoosten Steinen im Garten ein. Eine Ausnahme stellt allenfalls das Quellmoos (*Fontinalis*) dar, das gerne in Fließgewässer eingesetzt wird.

Fast alle übrigen „Namens-Moose“ sind dagegen Blütenpflanzen. Bei einigen, wie Mooskolben, Moosklee, Moosglöckchen oder Moosbeere, weist der Namensteil auf die Vorliebe für feuchte Standorte hin. Bei anderen, zum Beispiel Moos-Steinbrech, Sternmoos (*Sagina*, auch Mastkraut genannt), Moosphlox oder dem als Balkonpflanze beliebten Korallenmoos war wohl eher die polsterartige Wuchsform namensgebend.

Zum Abschluss noch zwei Kuriositäten: Das Louisiana-Moos (*Tillandsia*) gleicht einer Flechte. Dennoch ist es eine Blütenpflanze, die allerdings bis auf einen flechtenartigen Faden reduziert ist. Tillandsien nehmen die Feuchtigkeit der Luft auf und können sogar auf Telefondrähten überleben. Das Isländische Moos ist dagegen eine echte Flechte – nur eben kein Moos.

MOOSVERNICHTER helfen gegen Moos im Rasen.

„Rasendünger mit Moosvernichter" – mit solchen oder doch ähnlichen Bezeichnungen bietet uns die Garten- und Düngerindustrie ihre Produkte gegen Moos im Zierrasen an. Mittelchen dieser Art sind tatsächlich verblüffend wirksam. Sie enthalten fast immer Eisen-II-Sulfat, das die empfindlichen Moospflänzchen zum Absterben bringt. Man braucht die trockenen Überreste nur noch aus dem Rasen zu rechen. Also, ein Lob der Chemie? Wohl kaum, denn schon nach kurzer Zeit feiert das Moos erneut ein fröhliches Come-back – alles wie gehabt. Moos im Rasen ist immer ein Anzeichen von schlechten Standortbedingungen für das Gras. Dafür gibt es mehrere Ursachen, die durchaus zusammenfallen können:

Der Standort ist zu schattig, zu feucht, zu verdichtet oder zu wenig gedüngt. Nur wer diese Ursachen intensiv bekämpft, darf (vielleicht) hoffen, das Moos zu besiegen. Gegen Baumschatten kann man nichts unternehmen, hier helfen aber häufig spezielle Rasenmischungen für schattige Flächen („Schattenrasen"), die zusammen mit den anderen Maßnahmen Moos verdrängen können. Gegen feuchte und verdichtete Böden hilft nur eine gründliche Lockerung des Bodens. Mit einem Hand- oder Motor-Vertikutierer werden Moos und Rasenfilz zerschlagen und die obersten Millimeter des Bodens aufgerissen. Damit kann immerhin das Regen- und Gießwasser leichter in den Boden dringen, was oft bereits hilft. Wer ganz sicher gehen will, sollte den Boden belüften. Am einfachsten geht das mit selbst gebastelten Nagelbrettern, die man unter seine Fußsohlen schnallt und den Rasen abschreitet; natürlich gibt es auch spezielle Geräte mit Stachelwalzen.

Sollte selbst dies keine Besserung bringen – unser Freund, das Moos, ist wieder da – muss der alte Rasen entfernt und der Boden ausgetauscht werden. Der Aushub wird bis zu einer Tiefe von ungefähr 20 Zentimetern mit reichlich Sand vermischt und wieder aufgebracht; dabei kann man eventuell tiefere Tonschichten mit der Grabegabel aufbrechen. Allerdings sollte man diese Arbeit nur dann auf sich nehmen, wenn man unbedingt auf englischen Rasen schauen möchte. Ansonsten reicht es, regelmäßig zu düngen, ab und zu das Moos auszurechen und einfach darüber hinwegzusehen.

.. Gartenteiche verschlimmern die MÜCKENPLAGE. Wenn diese viel beschworene Aussage gilt, müsste eigentlich auch ihre Umkehrung gelten: Wer keinen Gartenteich hat, braucht kaum Mücken zu fürchten – offenbar ein Irrtum, denn Mücken gibt es fast überall. Mücken

oder genauer Stechmücken sind ein Bestandteil unserer Tierwelt. Sie fanden schon Plätze für ihre Eiablage, lange bevor Menschen ihnen Gartenteiche bauten und werden dies vermutlich noch tun, wenn unsere Spezies längst von der Erde verschwunden ist!
Zu den Fakten: Die Familie der Stechmücken bringt es weltweit auf rund 1500 Arten, davon leben einige Dutzend in unseren Breiten. Obwohl darunter auch so gefährliche Vertreter wie die *Anopheles*-Mücken sind (sie überträgt die Malaria), interessieren sich nur relativ wenige Arten für unser Blut. Von diesen wiederum sind es nur die Weibchen, die vor der Eiablage so viel Nahrung brauchen, dass sie Blut von Warmblütern saugen. Da sie die Eier im Wasser ablegen, scheint sich damit der Kreis zum Gartenteich zu schließen. Allerdings bevorzugen einige Arten eindeutig flache Tümpel, die zum Winter hin austrocknen – die Eier überwintern im Schlamm. Bleiben also nur noch die abgezählten Arten, die tatsächlich ihre Eier in unseren Gartenteich ablegen. Mückenlarven sind allerdings begehrte Leckerbissen für viele heimische Fische und Insekten. Sofern der Teich naturnah gestaltet wurde, landet ein Großteil der Mückenlarven in deren Mägen. Die paar Exemplare, die dann noch übrig bleiben, sollten wir, trotz gelegentlicher Stiche, tolerant ertragen.

Eine dicke MULCHSCHICHT unterdrückt das Unkraut.

Unsere Unkräuter sind so erfolgreich – und so nervend –, weil sie perfekt an ihre Standorte angepasst sind. Was immer wir auch anstellen, ihre Samen liegen zu Tausenden im Boden und warten geduldig auf günstige Bedingungen. Zur Keimung brauchen die meisten Pflanzen nicht nur eine bestimmte Temperatur und Feuchte, sondern auch Licht. Das Sonnenlicht setzt eine biochemische Reaktion in Gang, bei dem ein rotes Pigment (Phytochrom) angereichert wird. Ist es in genügend hoher Konzentration vorhanden, setzt es seinerseits eine Kaskade von biochemischen Reaktionen in Gang, die letztlich zur Keimung führen. Kein Wunder, dass eine dicke Mulchschicht solche „Lichtkeimer“ wirksam an der Keimung hindert.

Leider ist das nur ein Teil der Wahrheit. Die Samen anderer Unkräuter werden durch Licht sogar in der Keimung gehemmt. Solche „Dunkelkeimer“ keimen wesentlich besser und rascher im Dunklen als im Licht. Ein paar Unkräutern ist es egal, ob sie Licht bekommen oder auch nicht. Gegen sie hilft die Mulchschicht daher ebenso wenig wie gegen mehrjährige Unkräuter. Ihre Wurzeln überstehen gut geschützt unter der Mulchdecke selbst harte Winter und treiben im Frühling fröhlich wieder aus. Da die Zahl der Lichtkeimer glücklicherweise deutlich überwiegt, unterdrückt Mulch eben nicht alles an Unkraut, aber zumindest einen großen Teil davon. Für den Rest bleibt nur Handarbeit übrig – Jäten ist angesagt.

Zu viel Mulch ist übrigens aus einem anderen Grund gefährlich: Nacktschnecken verbringen in diesem feuchten Versteck gerne den Tag und haben es dann nachts nicht sehr weit bis zu den Pflanzen.

MUTTERERDE ist gute Erde. Wer dieser Aussage bedingungslos vertraut, könnte im wahrsten Sinne des Wortes teuer dafür bezahlen. Der Begriff Mutterboden oder Muttererde bezeugt die Ehrfurcht unserer Vorfahren vor dem Nahrung spendenden, fruchtbaren Boden. Sie verstanden darunter die humus- und nährstoffreiche oberste Bodenschicht, die je nach Bodenart und -typ zehn bis 30 Zentimeter tief reicht. Muttererde entsteht durch die

Tätigkeit von zahllosen Boden- und Mikroorganismen, die aus dem vorhandenen mineralischen Boden und den organischen Überresten einen Nährboden für den Pflanzenwuchs machen. Insofern ist Muttererde tatsächlich bestens für den Garten geeignet.
Leider benutzen Bauunternehmer und Baggerfirmen den Begriff heute weniger ehrfürchtig – oder sollte man vermuten, weniger ehrlich? Beim Ausheben einer Baugrube fällt Abraum an, der entsorgt werden muss. Aufmerksame Bauherren achten darauf, dass die oberste Bodenschicht – eben die Muttererde – vorsichtig abgetragen und für die spätere Verwendung auf dem Grundstück zwischengelagert wird. Häufig wird der Rest, also die tiefer liegenden Schichten, nicht entsorgt, sondern ebenfalls als Muttererde angeboten. Gleichgültig, ob es sich dabei um tonige oder sandige Schichten, mit und ohne Geröll, handelt, in keinem Fall wurde dieser Boden durch die segensreiche Tätigkeit der Bodenorganismen aufgewertet.

Sollten Sie für Gartenarbeiten auf Muttererde angewiesen sein, kaufen Sie niemals unbesehen – Kleinanzeigen, wie „Muttererde preisgünstig abzugeben" sind verdächtig –, sondern prüfen Sie das Produkt: Der Boden sollte locker, relativ dunkel und krümelig sein. Schnäppchen sind immer möglich, doch wenn der Laster die unbrauchbare Erde erst einmal abgekippt hat, haben Sie ein Entsorgungsproblem.

Braune, trockene NADELN sind die Folge von Erfrierungen.

Braune Nadeln können eine Vielzahl von Ursachen haben, die nur zum Teil – und dann nicht direkt – auf winterliche Minusgrade zurückgehen. Bei Scheinzypressen und Lebensbäumen treten zum Beispiel

braune, trockene, absterbende Zweigspitzen („Triebsterben") auf. Sie werden von bestimmten Schadpilzen verursacht. Krankheiten dieser Art sind schwer zu diagnostizieren. Um sicherzugehen, sollte man einen Zweig der betroffenen Pflanze einem Spezialisten vorlegen. Er analysiert die Symptome, grenzt Krankheiten von anderen Schäden ab und gibt Behandlungstipps.
Auch manche negative Bodeneigenschaften, wie zu nasse oder überdüngte Böden oder Magnesiummangel, können sich in braunen, trockenen Nadeln äußern – alles in allem eine mehr als verwickelte Angelegenheit. Erst wenn alle übrigen Ursachen ausgeschlossen sind, bleiben tatsächlich noch die „erfrorenen" Zweige: Im Unterschied zu den Laubbäumen, die ihre Blätter abwerfen, geben immergrüne Nadelbäume auch im Winter Wasser an die Umgebung ab (Transpiration). Vor allem während sonniger Perioden oder an windigen Tagen kann der Wasserverlust daher erheblich sein. Ist dann der Boden gefroren oder enthält er zu wenig frei verfügbares Wasser, fehlt der Nachschub für die Transpiration. Der Nadelbaum erfriert also nicht, sondern vertrocknet, weil ihm das Wasser fehlt. Man bezeichnet dieses Phänomen daher als Frosttrocknis.

Um die Frosttrocknis zu vermeiden, sollte der Boden um Nadelbäume im Herbst und auch im Winter in Perioden mit frostfreien Tagen gründlich gewässert werden. Empfindliche Nadelgehölze schützt man durch eine Abdeckung aus Reisig oder Jute. Auch ein Windschutz bewahrt das Gehölz vor Wasserverlust (Hauptwindrichtung beachten!). Hilfreich ist auch eine dicke Packung Mulch mit Kompost oder Sägespäne, damit der Frost nicht zu tief in den Boden eindringt. Beachten Sie, dass auch die vor austrocknenden Winden geschützten Nadelbäume gegossen werden müssen, denn ihre Transpiration funktioniert auch bei Windstille.

NADELBÄUME haben keine Blüten. Wer auf Blütenpracht blicken möchte, wird garantiert keine Nadelgehölze pflanzen. Schon die übliche Bezeichnung in den Baumschulen – „Immergrüne“ – lenkt geschickt von den Blüten ab und preist den „wahren“ Charakter der Nadelbäume: Sie dienen als grüne Mauern, um neugierige Blicke abzuhalten oder führen ein wenig beachtetes Dasein als kriechende Zwergformen im Steingarten. Mit einer Reduktion auf Staffage tun wir diesen interessanten Gehölzen aber sicherlich Unrecht. Es gibt Garten-Koniferen (Nadelgehölze) mit interessanten Wuchsformen, farbigen oder sehr elegant geformten Nadeln ... aber haben sie nun Blüten oder nicht? Beim Begriff „Blüten“ fallen uns vermutlich spontan die Bilder von Rosen, Nelken oder Wildblumen ein, aber sicher keine Tannen. Dabei besteht eine Blüte im Wesentlichen aus Geschlechtorganen in mehr oder minder attraktiver Verpackung. Die Nadelbäume haben sich für die Sparversion einer Blüte entschieden: Die stets getrennten männlichen und weiblichen Blüten verzichten auf jegliches schmückendes Beiwerk. Während die männlichen Staubgefäße als unauffällige Einzelblüten bis hin zu regelrechten Zapfen auftreten, sind weibliche Blüten stets zu Zapfen zusammengefasst. Die eigentliche Blüte besteht nur aus der Eizelle, die auf einer Samenschuppe liegt. Jede Samenschuppe liegt wiederum auf einer Deckschuppe – den sichtbaren Schuppen des typischen Zapfens. Im Unterschied zu den bekannten

Blüten – dem Bild in unserem Gehirn – sind Eizellen und später die Samen jedoch nicht von einem Fruchtknoten umhüllt.

Nadelgehölze haben somit eindeutig Blüten, aber keine Früchte – sie sind „Nackt"-samer. Übrigens brauchen sie keine Bestäuber anzulocken; für die Verbreitung der männlichen Pollen sorgt der Wind. Das kann man im Garten einfach feststellen, wenn man einen Zweig mit männlichen Blüten schüttelt.

NADELBÄUME brauchen sauren Boden. Wie so oft steckt auch in diesem Gartenirrtum ein Körnchen Wahrheit. Die herabfallenden Nadeln verrotten nämlich nur äußerst langsam und verwandeln sich letztlich in einen sauren Humus. Dennoch sind nur die wenigsten Nadelbäume wirkliche Spezialisten für saure Böden. Dazu gehören etwa die Felsengebirgs-Tanne (*Abies lasiocarpa*), die Sitka-Fichte (*Picea sitchensis*) oder die Latschen-Kiefer (*Pinus mugo*), um einige beliebte Gartenformen zu nennen. Weitaus mehr Arten reagieren gleichgültig auf den Boden, das heißt sie kommen in dem weiten Bereich zwischen leicht sauer und leicht basisch zurecht (pH 5 bis 8). Bei ihnen müssen andere Stand-

ortfaktoren stimmen: So brauchen Tannen feuchte bis nasse, Kiefern eher trockene Böden, einige Fichten lieben sandigen Boden, Hemlocktannen wachsen sogar im Schatten, während Scheinzypressen sich in der Sonne wohler fühlen.

Es gibt sogar – merkwürdig genug – eine Reihe von Koniferen, die auf kalkhaltige (basische) Böden angewiesen sind; auch hier wieder einige Beispiele: Zedern *(Cedrus)*, Serbische Fichte (*Picea omorika*), viele Kiefern und vor allem die heimische, in der Natur selten gewordene Eibe (*Taxus baccata*).

NADELBÄUME dürfen nicht geschnitten werden. Im Unterschied zu den Laubgehölzen sind Nadelbäume (Koniferen) nur in Ausnahmefällen in der Lage, ihre „schlafenden Augen“ an älteren Ästen zu reaktivieren. Statt nach dem Schnitt frisch auszutreiben, stellt der Ast oft sein Wachstum ein, kümmert, stirbt schließlich ab und hinterlässt eine hässliche Lücke.

Allerdings gibt es bereits von dieser Regel mehrere Ausnahmen: Eibe, Lebensbaum, Mammutbaum (*Sequoia*) und Sicheltanne regenerieren sich auch aus älterem Holz – daher können regelmäßig beschnittene Eiben und Lebensbäume zu dichten Hecken heranwachsen. Auch bei den übrigen Koniferen braucht der schnitteifrige Gärtner seine Astschere nicht zu verbannen, denn junge, zur rechten Zeit beschnittene Nadelbäume treiben sehr wohl wieder aus. Vor allem bei Zwerg- und breit kriechenden Formen lohnt es sich hin und wieder, weit hervorragende Zweige einzukürzen. Dazu sucht man nach einer Verzweigungsstelle und schneidet den Zweig oberhalb davon ab – mit Gespür für die natürliche Wuchsform!

Bei hoch wachsenden, einzeln stehenden Koniferen sollte man dagegen nur eingreifen, wenn der Schnitt aus ästhetischen Gründen unbedingt erforderlich ist: Tannen und Fichten werden im Juni oder Juli oberhalb von deutlich erkennbaren Knospen beschnitten, um eine bessere Verzweigung zu erreichen. Auch wenn sich Konkurrenztriebe gebildet haben, ist der Rückschnitt auf einen Haupttrieb sinnvoll. Noch einfacher ist der Schnitt von Kiefern. Bei ihnen geht die Verzweigung normalerweise von den Knospen am Zweigende aus. Werden diese Triebspitzen im Frühsommer abgeschnitten, aktiviert man die nicht sichtbaren Knospen der Kurztriebe („Scheidenknospen“). Aus ihnen verzweigt sich das Gehölz dann sehr dicht. Außerdem sollten bei allen Koniferen abgestorbene und beschädigte Zweige entfernt werden – von „nicht schneiden“ kann also keine Rede sein.

Unter NADELBÄUMEN wächst nichts.

Vergleicht man den Unterwuchs eines Buchenwaldes mit dem einer Fichtenschonung, scheint dieser Gartenirrtum verzweifelte Wahrheit zu sein. In der Tat üben Nadelgehölze einen fatalen Einfluss auf ihre Umgebung aus. Die sicherste und beste Lösung für das Koniferenproblem wäre es, keine Koniferen zu pflanzen. Sie gelten aber nun einmal als idealer, weil dichter, Sichtschutz und gehören deshalb zum Inventar vieler Gärten. Nadelgehölze bescheren ihrem Besitzer drei Hauptprobleme, die unlösbar erscheinen: Sie haben flach verlaufende, sehr „durstige“ Wurzeln. Sie werfen dichten Schatten und langfristig säuern ihre Nadeln den Boden an.

Geben Sie nicht resigniert auf, sondern machen Sie das Beste aus Ihrem „Nadelwäldchen“, denn es gibt durchaus Lösungen.

Wird der Bereich neben und unter den Nadelbäumen zumindest teilweise von der Sonne beschienen, kann man dort Säure liebende kleine Rhododendren, Azaleen oder Heiden, jedoch nicht die Kalk liebende Schneeheide, pflanzen. Auch einige Gräser fühlen sich zwischen Nadeln durchaus wohl. Im Sommer müssen diese Pflanzen allerdings gezielt und eher reichlich gegossen werden.

An schattigeren Standorten entscheidet man sich besser für ein Waldbeet mit Farnen, bemoosten Steinen und Waldstauden. Um das Bodenproblem zu umgehen, werden die Pflanzen in versenkte Kübel gepflanzt, so dass keine Wurzelkonkurrenz mit den Nadelbäumen besteht – Gießen nicht vergessen! Noch flexibler ist man mit der dritten Alternative. Der Bereich unter den Nadelgehölzen wird mit attraktiven Kübeln mit wechselnder Bepflanzung gestaltet. Auf diese Weise entstehen hübsche und vor allem abwechslungsreiche Blickpunkte, die von der trostlosen, benadelten Öde ablenken.

Was eine NUSS ist, verrät ihr Name.

Der allgemeine Sprachgebrauch kennt keinen Zweifel: Ob Walnuss, Haselnuss oder die exotische – weil nicht gartentaugliche – Macadamianuss, alle Nüsse enthalten einen essbaren, leckeren Kern. Aber was ist eine Nuss genau? Nur der Kern, oder der Kern mit Hülle – und was gehört dann zur Hülle? Immerhin wird der essbare Kern der Walnuss erst von einer harten, dann von einer grünen, weicheren Schale eingehüllt. Botanisch gesehen sind Nüsse trockene Schließfrüchte, bei denen ein oder mehrere Samen von einer harten, verholzten Fruchtwand umgeben sind.

Nach dieser Definition sind zwar Haselnüsse echte Nüsse, nicht jedoch die Walnuss. Sie ist, wie zum Beispiel auch Kirschen oder Pflaumen, wegen der saftigen Fruchthülle eine Steinfrucht. Andererseits gibt es viel mehr „Nüsse“, als man gemeinhin vermutet. Eicheln und Bucheckern, die geflügelten Früchte von Birken, Ulmen und Eschen, selbst die Früchte der Gräser und Korbblütler, gehören neben zahlreichen anderen Beispielen zu den Nüssen. Schließlich gibt es einige beliebte Nüsse, denen man ihre Zugehörigkeit zu dieser Kategorie von Früchten noch weniger ansieht. Das feine Knacken auf den Zähnen, wenn man eine Erdbeere isst, rührt von den winzigen Nüsschen her, die auf der Oberfläche dieser Sammelfrucht sitzen. Und auch die Einzelfrüchte im Innern von Hagebutten sind behaarte Nüsse.

Wenn OBSTGEHÖLZE Früchte tragen sollen, braucht man einen zweiten Baum als Befruchtersorte.

Um diesen Teil-Irrtum zu erhellen, ist ein kleiner Ausflug in die Evolution und Genetik erforderlich. Die Blütenpflanzen konnten sich nur deshalb so erfolgreich in zahlreiche gut angepasste Arten aufspalten, weil sich ihre Erbanlagen im Zuge der sexuellen Fortpflanzung immer wieder neu vermischten. So entstanden im Verein mit Mutationen ständig neue Formen, die sich in der Auseinandersetzung mit der Umwelt bewährten oder scheiterten. Die beste Voraussetzung für eine Neukombination der Gene ist jedoch die Bestäubung durch einen fremden Partner, um die Inzucht zu vermeiden. Daher „bevorzugte“ die Evolution solche Anpassungen, die genau dies förderten; bei einigen Obstgehölzen und anderen Pflanzen etwa die Selbstunfruchtbarkeit: Es kommt nur dann zur erfolgreichen Bestäubung, wenn der Pollen von einem anderen Individuum stammt. Gelangt der eigene Pollen auf die Narbe, findet keine Befruchtung statt.

Solche Betrachtungen sind keinesfalls blanke Theorie, sondern entscheidend für den Fruchtansatz. Wer Äpfel ernten möchte, braucht in der Tat einen zweiten Baum, und zwar von einer anderen Sorte („sortenfremder Pollen“). Da Apfelpollen von Bienen und Hummeln glücklicherweise über größere Entfernungen transportiert wird, findet sich aber fast immer ein Nachbarbaum, der als Pollenspender fungiert. Wer jedoch in einer „Apfelwüste“ lebt, dem bleibt nichts übrig, als einen zweiten Baum zu pflanzen. Bei allen übrigen Obstsorten tritt das Problem zum Glück nur abgeschwächt auf. Bei Quitten und Pflaumen gibt es neben Sorten, die fremdbestäubt werden müssen, genügend gute Sorten, die sich selbst befruchten können. Süßkirschen reagieren wie Äpfel, sie brauchen also einen Partner; bei Sauerkirschen kommen sowohl selbstfruchtbare als auch selbstunfruchtbare Sorten vor. In beiden Fällen lassen sich aber problemlos Bestäubungspartner finden, denn Kirschen können auch durch Wildarten bestäubt werden. Auch bei den Beerenfrüchten braucht man sich keine Sorgen zu machen.

Von der Theorie zurück zur Praxis: Fragen Sie vor dem Kauf eines Fruchtgehölzes in der Baumschule genau nach, ob die gewünschte Sorte einen Bestäubungspartner braucht und entscheiden Sie sich zur Not eben einfach für eine andere Obstart.

Neue OBSTSORTEN sind besser als alte.

Es wäre wirklich beruhigend, wenn man diese Aussage eindeutig bejahen oder verneinen könnte. Aber abgesehen von der philosophischen Dimension des „besser" gibt es eben keine Patentlösung. Als geplagter Gartenbesitzer bleibt man vom Rat des Baumschulverkäufers abhängig.

Was spricht für alte Obstsorten? Die meisten alten Sorten entstammen keinen Turbo-Zuchtbetrieben, sondern wurden langsam und in Anpassung an das Klima einer bestimmten Region gezüchtet. Nicht selten half übrigens die Natur durch zufällig entstandene Kreuzungsprodukte nach. Alte Sorten sind meist relativ robust gegen Schädlinge und Krankheiten und tragen wohlschmeckende Früchte. Gegen alte Sorten spricht allerdings, dass sie nur regional optimale Bedingungen vorfinden, meist als Hochstamm wachsen (Ernte nur mit Leiter) und lange brauchen, bis sie zum ersten Mal tragen.

Was spricht für neue Obstsorten? So gut wie alle neuen Sorten sind Produkte von Auslesezuchten, das heißt die Kreuzungen wurden auf Ertrag, Zugänglichkeit und frühen, reichlichen Fruchtansatz hin gezüchtet. Wer in einem Landstrich mit kommerziellem Obstanbau wohnt, kennt die endlosen Reihen mannshoher Stämme, zwischen denen zur Erntezeit kleine Traktoren fahren. Im kleinen Garten haben solche Sorten durchaus ihre Berechtigung, da sie schnellen Erfolg versprechen. Andererseits schmecken die Früchte häufig nicht so intensiv, die Bäumchen brauchen mehr Dünger, Pflege und sind relativ anfällig (allerdings nicht generell, das muss zu Ehren der Züchter bekannt werden!).

Wer in seinem Garten einen schönen Baum haben möchte, wer Wert auf Obst mit differenziertem Geschmack legt, wer genügend Platz und noch mehr Geduld mitbringt, der sollte sich lieber für einen Hochstamm einer alten Sorte entscheiden. Wer dagegen mehr Wert auf eine rasche und reichliche Ernte legt und auch nur wenig Platz übrig hat, dem ist mit einer neuen Sorte besser gedient. Einen guten Kompromiss stellen übrigens Spalierobstbäume dar: Sie bieten einen hübschen Anblick, sind leicht zugänglich und tragen am optimalen Standort reichlich, erfordern aber viel Pflege.

PALMEN wachsen nicht im deutschen Garten.

Ein tropischer Strand, sanftes Wellenrauschen, Sonne, lauer Wind ... und Palmen. Palmen in unserem Garten? Einfach undenkbar – oder etwa nicht? Die Familie der Palmen unterscheidet sich von allen anderen Blütenpflanzen in einem bemerkenswerten und sofort sichtbaren Detail: Palmen haben keine Seitentriebe, sondern wachsen nur mit einer einzigen Spitzenknospe; daher ihre geraden, unverzweigten Stämme und die nur an der Spitze entspringenden Blätter. Die große Mehrzahl der Palmen ist tatsächlich auf tropische und subtropische Klimazonen beschränkt. Es gibt aber einige Arten, die natürlicherweise im Hochgebirge oder am Rand der Subtropen wachsen. Den Rekord hält die Zwergpalme (*Chamaerops humilis*), die es bis auf die Balearen

und das spanische Festland geschafft hat. Andererseits sind die Palmen, die so viele Straßen mediterraner Städte zieren, allesamt eingeführte Fremdlinge. Einige dieser Fremdlinge können problemlos auch in mitteleuropäischen Gärten überwintern – nicht nur über das Hintertürchen eines großen Wintergartens, sondern im Freien. Die Mazaripalme (*Nannorhops ritchiana*) wächst in den Gebirgen von Arabien, Iran, Pakistan und Nordindien. Sie hält Temperaturen von –26 °C aus! Ähnlich robust sind auch die amerikanische Nadelpalme (*Rhapidophyllum hystrix*) oder die Sabalpalme (*Sabal minor*; –24 °C).

Dennoch bleibt ein gewisses Risiko, wenn man Palmen im eigenen Garten ziehen möchte. Es fällt in einigen bekanntermaßen milden Regionen Deutschlands (Weinbauklima) natürlich deutlich geringer aus als in kühleren Landstrichen. Schwierig sind vor allem die ersten Jahre und der Winterschutz der empfindlichen Spitze (Folie oder Luftpolster-Folie erforderlich). Da Palmen jedoch fast ausschließlich von spezialisierten Händlern angeboten werden, wird man vor dem Kauf eines solchen Schmuckstücks in der Regel kompetent beraten.

PILZE sind Pflanzen. Wer Hutpilze oder Hexenringe im Rasen, Mehltau auf Rosenblättern und Schimmelpilze im Obst findet, dürfte eher daran interessiert sein, wie man die leidigen Pilze wieder los wird, statt zu wissen, in welche systematische Kategorie sie gehören. Dennoch ist die Beschäftigung mit Pilzen weit mehr als nur akademische Spielerei. Zwar werden die „großen“ Pilze in Botanischen Instituten erforscht und in Lehrbüchern der Botanik, also der Pflanzenkunde, behandelt, dennoch sind es keine Pflanzen im strengeren Sinn.

Was macht eine Pflanze eigentlich aus? Dass Pilze nicht wegrennen können, macht sie noch nicht zu Pflanzen; das haben sie mit einer Reihe fest sitzender Tiere gemein. „Tierisch" ist jedoch auch die Zellwandsubstanz der Pilze. Ihre Zellwände bestehen nämlich aus Chitin, einem Baustoff, der bis auf wenige Ausnahmen nur bei den Insekten vorkommt. Pilze lagern auch nicht – wie Pflanzen – Stärke als Reservestoff ab, sondern – wie Tiere – Fett und Glykogen. Und schließlich der wichtigste Unterschied zu den Pflanzen: Pilze sind nicht grün; ihnen fehlt das Chlorophyll, um eigene Nährstoffe herzustellen.
Sind die Pilze also den Tieren näher als Pflanzen? Auch diese verblüffende Schlussfolgerung trifft nicht das Wesen der Pilze. Von Tieren unterscheiden sie sich durch eine Reihe von sehr speziellen Besonderheiten, in der Biochemie beispielsweise bei der Herstellung von Eiweißen, und durch die Art der Ernährung. Pilze leben von der Zersetzung organischer Substanz (saprophytisch) oder holen sich ihre Nährstoffe von einem Wirt (parasitisch).

Es gibt also gewichtige Gründe, ihnen neben Pflanzen, Tieren, Bakterien und den sehr ursprünglichen Archaebakterien ein eigenes Organismenreich der Pilze zuzugestehen.

RASEN ist pflegeleicht. Aussäen oder Rollrasen verlegen, ab und zu mähen und ein bisschen Dünger; mehr Aufwand gestehen viele unerfahrene Gärtner einem Rasen nicht zu – Rasen gilt eben als pflegeleicht. Bei entsprechend niedrigen Ansprüchen mag das durchaus genügen, doch leider sind die Erwartungen fast immer deutlich höher: Ein Rasen soll dicht, üppig und sattgrün sein, möglichst auch das Fußballspiel der Kleinen und de-

ren Väter oder eine Gartenparty überstehen – und schon ist es aus mit pflegeleicht! Ein Gartenrasen ist eine Intensivkultur, eine Monokultur aus Graspflanzen.
Also muss der Boden locker und durchlässig bleiben: Das erreicht man nur durch regelmäßiges Durchlüften (zum Beispiel Abschreiten mit dem Nagelbrett) und Vertikutieren. Da man durch das Mähen regelmäßig Biomasse entfernt, können Rasengräser nicht genug Vorräte ansammeln; sie treiben wie erwünscht neue Blätter aus und bilden Ausläufer. Das klappt aber nur dann, wenn sie dem Boden genügend mineralische Nährstoffe entziehen können: Also ist regelmäßiges und reichliches Düngen erforderlich. Wie alle Monokulturen ist auch ein Rasen sehr anfällig gegenüber Unkräutern, Schädlingen und Krankheiten. Moos, Gänseblümchen (sie lieben das dauernde Mähen), Löwenzahn (er liebt den reichlich vorhandenen Dünger), Winden (sie lieben beides) sowie Wühlmäuse, Maulwürfe, Insekten und Pilze machen den Rasen zu ihrem Schlachtfeld.

Um hier Abhilfe zu schaffen, muss vorsichtig mit der Hand gejätet und müssen angemessene Maßnahmen gegen Schädlinge und Krankheiten ergriffen werden. Der Traum vom pflegeleichten Rasen zerplatzt schneller als eine Seifenblase!

Ein RASEN muss im Sommer täglich gewässert werden. Beim Bewässern eines Rasens wirklich alles richtig zu machen, ist kaum zu schaffen – völlig falsch ist jedoch, nach der obigen Regel vorzugehen. Die Technik der Rasenbewässerung ist dabei übrigens völlig bedeutungslos. Ein falsch eingestelltes, voll automatisches, computergesteuertes Bewässerungssystem kann ebenso versagen wie der Gärtner mit seinem Schlauch. Alle Pflanzen brauchen Wasser als Rohstoff für die Fotosynthese, zur Erhaltung ihrer Form (welkende Blätter werden sofort schlaff) und als Transportmittel für die Bodennährstoffe.

Aus diesem Grund muss in der Tat ein kontinuierlicher Wasserfluss aus dem Boden über die Pflanze bis in die Blätter gewährleistet sein, wo Wasserdampf durch winzige Spalten an die Luft abgegeben wird. Wird eine Rasenfläche zu häufig und zu kurz befeuchtet, entnehmen die Graspflanzen das Wasser nur aus den obersten Bodenschichten. Ihr Wurzelsystem bleibt flach und die Gräser sterben bei Wassermangel rasch ab, zum Beispiel in der Urlaubszeit! Erfolgt die Beregnung dagegen seltener und länger, dringt das Wasser tiefer in den Boden ein, das Wurzelwerk reicht tiefer hinab, entwickelt sich kräftiger und verträgt auch eine Durststrecke.

Als Faustregel gilt: Ein Rasen wird einmal pro Woche mit etwa zehn bis 15 Litern Wasser pro Quadratmeter gegossen. Um ein Gefühl für diese Wassermenge zu bekommen, kann man einen Zehn-Liter-Eimer mit dem Schlauch befüllen. Bei lang andauernder Hitze oder über sandigen Böden darf man etwas häufiger gießen. Der beste Zeitpunkt für den künstlichen Regen sind die Stunden zwischen Sonnenuntergang- und Sonnenaufgang; um die Mittagszeit wirken die Wassertropfen dagegen wie kleine Brenngläser und schädigen die Blattoberfläche.

Ein RASEN muss häufig und möglichst kurz gemäht werden.

Vermutlich bezeichnen die meisten Gartenbesitzer ihre Grünfläche stolz als Zierrasen, doch ganz so einfach ist es leider nicht. Schon bei der Neuanlage eines Rasens sollte man unbedingt an die spätere Verwendung dieser Grünfläche denken, denn die kommerziellen Samenmischungen sind nach den Ansprüchen an die Rasenfläche zusammengestellt: Einen englischen „Zierrasen" darf man eigentlich nur von außerhalb bestaunen, häufiges Betreten nimmt er übel. In den meisten Fällen wird man sich daher für einen durchschnittlichen „Gebrauchsrasen" entscheiden, den man betreten, aber nicht übermäßig strapazieren darf.

Schließlich gibt es noch Samenmischungen für „Sport- und Spielrasen" – der Name dürfte selbsterklärend sein. Das Mähen eines Rasens ist keineswegs nur eine Frage der Ästhetik. Durch den Schnitt wird verhindert, dass die Gräser Blüten und Früchte bilden, sie bleiben gewissermaßen in einem jugendlichen Zustand gefangen: Sie wachsen kräftig, werden immer dichter und bilden reichlich Ausläufer. Die Häufigkeit des Rasenschnitts richtet sich sowohl nach dem Rasentyp (Samenmischung) als auch nach Wetter und Ausmaß der Nutzung. Wirklich häufig wird nur der nicht betretene, echte Zierrasen gemäht; hier darf man ruhig ein- bis zweimal pro Woche zum Mäher greifen. Andere Rasentypen werden seltener und „nach Augenmaß" gemäht. Wie die Häufigkeit richtet sich auch die Schnitthöheneinstellung des Mähers nach Typ und Beanspruchung des Rasens. Einen Extremfall stellt sicher das Golfplatz-Green dar, das täglich zentimeterkurz geschnitten wird.

Im Garten sollte man einen Kompromiss zwischen Ästhetik und Biologie anstreben. Immerhin versorgen die Grasblätter die wachsende Pflanze mit den notwendigen Produkten der Fotosynthese.

Als Faustregel wird ein Zierrasen um die drei Zentimeter, ein „normaler“ Gartenrasen um die vier Zentimeter kurz gehalten – ein bisschen länger schadet aber nichts.
Es ist übrigens ebenso ein Vorurteil, dass häufiges Mähen Unkräuter unterdrückt: Gänseblümchen, Löwenzahn, Wegerich oder Weißklee breiten sich umso nachhaltiger aus, je häufiger und stärker ein Rasen gemäht wird.

RASENSCHNITT und Laub müssen sofort und vollständig vom Rasen entfernt werden. Als man noch mit Muskelkraft seinen Spindelmäher über den Rasen schob, musste der Rasenschnitt wirklich regelmäßig abgerecht werden: Man mähte seltener, daher waren die Grasblätter entsprechend länger. Blieb dieser Rasenschnitt liegen, entstanden häufig faulende Stellen. Die meisten heutigen Motorrasenmäher sind leicht zu bedienen und mit einem Fangkorb ausgestattet. Wer ganz sichergehen möchte, sollte im Frühling die Rasenfläche mit einem Vertikutierer bearbeiten. So bildet sich kein Rasenfilz und man betreibt deutlich weniger Aufwand, als nach jedem Mähen mit dem Rechen über den Rasen zu gehen!
Bei Laub, das auf den Rasen fällt, kommt es auf die Art des Rasens an: Auf kurz geschnittenem Zierrasen zahlt es sich aus, das Herbstlaub auf eine Baumscheibe zu rechen oder auf den Kompost zu bringen. Auf diese Weise vermeidet man feuchte Stellen, unter denen sich Fäulnis oder Pilze ausbreiten können.

Im längeren Gras einer naturnahen Wiese darf das Laub dagegen ruhig liegen bleiben. Es düngt den Boden und bietet vielen nützlichen Insekten einen sicheren Unterschlupf. Wichtige Ausnahme: Erkennbar kranke Blätter müssen entsorgt werden, damit die Erreger nicht im nächsten Frühling gleich wieder zuschlagen können.

ROHKOST aus dem Garten ist gesund. Natürlich geht es hier nicht um Blattsalate oder Gewürzkräuter – die sind über (fast) jeden Verdacht erhaben – sondern um die fatale Neigung mancher Selbstversorger, alles, aber auch wirklich alles, als Rohkost auf den Tisch zu bringen. Bei manchen Gartengemüsen, wie den Kohlsorten, verbietet sich der Rohgenuss beinahe von selbst: Sie schmecken nicht besonders gut und rufen mächtige Blähungen hervor (übrigens dürfen Rinder nicht mit großen Mengen Kohl gefüttert werden, weil sie sich dann an einem Toxin aus den Blättern vergiften!).

Andere bekannte Gemüse können roh sogar tödlich sein. Die Gartenbohne (Stangen-, Buschbohnen der Gattung *Phaseolus*) enthält ein tückisches Toxin, das erst durch ausgiebiges Kochen unschädlich gemacht wird. Das Phasin, so der Name des Giftes, wird auch beim Trocknen der Samen nicht zerstört, daher sind sowohl frisch geerntete wie getrocknete Bohnen giftig.

Eine weitere potenzielle Ursache für Vergiftungen sind manche Blüten, die zur Dekoration von Salaten oder anderen Speisen gepflückt werden. Die Zahl der giftigen, allerdings nicht tödlichen, Pflanzenarten ist viel höher, als man gemeinhin glaubt. Natürlich kommt es bei den üblicherweise verwendeten Mengen nur selten zu ernsthaften Gesundheitsschäden, aber man sollte zur eigenen Sicherheit nur solche Blüten auswählen, die in den einschlägigen Kochbüchern empfohlen werden oder die man gut kennt, wie zum Beispiel Kapuzinerkresse, Gänseblümchen oder Lavendel.

Zu den besonders giftigen Blüten zählen: Blauer Eisenhut, Gifthahnenfuß (wer die Art nicht sicher kennt, sollte alle Hahnenfußblüten meiden), Goldregen, Herbstzeitlose, Maiglöckchen, Stechapfel, Ziertabak und viele andere mehr. Außerdem sollte man unbedingt vermeiden, vermeintlich gesunde Wildkräuter zu sammeln, wenn man sich nicht genau auskennt! Die Hundspetersilie, um ein besonders eklatantes Beispiel zu nennen, sieht zwar aus wie eine etwas überdimensionale, glatte Petersilie, ist aber ähnlich giftig wie der sagenhafte Schierling.

RÖTEL(N) sind eine Kirschenkrankheit. Viele Obstbäume sind zwar in der Tat recht empfindlich gegen Krankheiten und Schädlinge, aber mit den „Menschen-Röteln“ hat die Kirsch-Rötel absolut nichts zu tun – es handelt sich noch nicht einmal um eine Krankheit.
Wir sehen in den Kirschen nur leckeres Obst und spucken den Kern (Samen) als ungenießbaren Ballast wieder aus. Damit erfüllen wir genau die Aufgabe, die uns die Evolution zugedacht hat: Der Kirschbaum präsentiert seine Früchte nämlich so einladend wie irgend möglich. Sie sollen gegessen werden und die Samen gleich oder, nachdem sie den Weg jeglicher Nahrung gegangen sind, an anderer Stelle wieder freigesetzt werden. Damit überhaupt Kirschen entstehen, müssen die Blüten zunächst befruchtet werden. Sobald der Kirschbaum „weiß“, dass die jährliche Frucht-/ Samenproduktion gesichert ist, setzt die „Rötel“ ein. Dabei stößt der Baum einen großen Teil der Früchte ab. Sie werden gelb, dann rötlich und fallen vom Baum. Nun vermag der Kirschbaum seine gesamten Nährstoffe in die übrig gebliebenen Früchte zu stecken und sie zur Vollreife zu bringen. Dieser ganz natürliche Vorgang ist im Garten nur ärgerlich,

für einen Obstbauern hat der Fruchtverlust durch Rötel aber konkrete wirtschaftliche Auswirkungen. Daher versuchen die konventionellen Obstbauern, durch hormonartige, chemische Präparate die Menge der auswachsenden Früchte von vornherein zu reduzieren.

Grüner SALAT enthält viel giftiges Nitrat.

Beim Stichwort Nitrat schrillen bei vielen Menschen die Alarmglocken: Gift, Krebs, ungesunder Treibhaussalat usw. Geben wir dem armen Angeklagten eine Chance und betrachten zunächst die Fakten: Nitrat ist in geeigneter Dosierung lebenswichtig! Es steuert den Stickstoff bei, der in jeder Aminosäure (sie sind die Bausteine der körpereigenen Eiweiße) und zum Beispiel auch in unserem Erbgut (DNA) enthalten ist. Unser Körper kann etwa die Hälfte der notwendigen Aminosäuren selbst herstellen (dafür brauchen wir Stickstoffverbindungen), den Rest, die essentiellen Aminosäuren, müssen wir mit der Nahrung zu uns nehmen. Freies Nitrat gelangt über das Trinkwasser und pflanzliche Nahrung in unseren Körper. In unserem Darmtrakt kann dieses an sich ungefährliche Nitrat durch Bakterien zu Nitrit umgewandelt werden. Nitrit wiederum verbindet sich mit Abfallstoffen aus der Eiweißverdauung (Amine) zu Nitrosaminen – das

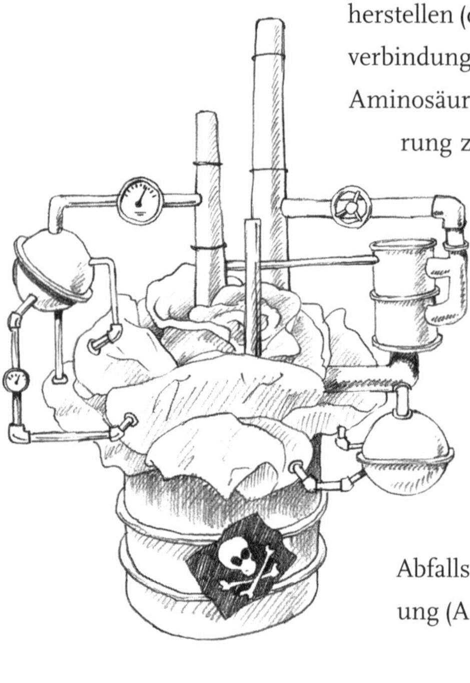

sind die eigentlichen Krebs erregenden Stoffe. Alle Pflanzen speichern überschüssiges Nitrat als wertvollen Rohstoff in ihren grünen Teilen ab. Insofern sind alle Blattgemüse und Salate, die es auf 1.000 bis über 2.000 Milligramm Nitrat pro Kilogramm Frischgewicht bringen, in der Tat Nitratquellen – der Salat ist zwar schuldig im Sinne des „Irrtums", aber zumindest doch kein „Einzeltäter".

Glücklicherweise kann man im eigenen Garten die Nitratmenge im Salat gezielt und merklich vermindern: Pflanzen Sie Gemüse und Salat auf wenig gedüngten Böden in gut besonnter Lage. So nehmen die Pflanzen erstens weniger Nitrat aus dem Boden auf und außerdem regt die Wärme den Stoffwechsel der Pflanzen an, das freie Nitrat in andere, weniger problematische Stoffe einzubauen.

Alle Pflanzen vermehren sich (nur) durch SAMEN.

Neben den Samenpflanzen, die mit rund 236.000 Arten den Löwenanteil stellen, bevölkern mit Algen, Moosen, Bärlappen und Farnen etwa 75.000 weitere Pflanzenarten unsere Erde, die recht erfolgreich völlig ohne Samen auskommen.

Viel interessanter als dieses Spiel mit der Statistik sind jedoch diejenigen Samenpflanzen, die das Spiel der Evolution mit der Fähigkeit versehen hat, sich ohne Sex zu vermehren – allerdings fast immer zusätzlich zur Samenbildung. Diese so genannte vegetative Vermehrung bietet den Gartenpflanzen (und Gärtnern) eine breite Palette von Möglichkeiten. So bilden Zwiebelpflanzen zwar regelmäßig Blüten und Samen, erzeugen aber zusätzlich an der Zwiebelbasis Tochterzwiebeln (prinzipiell handelt es sich dabei um Seitentriebe). Sie lösen sich schließlich von der Mutterpflanze ab und treiben zur selbstständigen Pflanze aus. Eine ähnliche Aufgabe erfüllen die bekannten Ausläufer, die schließlich Wurzeln bilden und sich von der Mutterpflanze ablösen (etwa bei der Erdbeere). Manche Arten bilden sogar spezielle Brutknöllchen an Blatträndern (so zum Beispiel die Zimmerpflanze Brutblatt, *Bryophyllum*), als Seitentriebe (zum Beispiel Zahnwurz, *Dentaria bulbifera*) oder gar in der Blüte (bei Gräsern und einigen Zwiebelarten).

Die Vielzahl der gärtnerischen Vermehrungs- und Veredlungstechniken ist überhaupt nicht mehr auf Samen angewiesen. Sie basieren vielmehr auf der faszinierenden Regenerationsfähigkeit der Pflanzen: Werden Ableger, Absenker, Risslinge, Steckhölzer, Stecklinge usw. hergestellt, entsteht zwangsläufig eine Wunde. Darauf reagiert eine Pflanze mit der Bildung eines so genannten Kallusgewebes, aus dem sich prinzipiell alle Arten von Organen ausbilden können. Im Falle der Stecklingsvermehrung bilden sich aus dem Kallus kleine Würzelchen, die mit der „Restpflanze" eine intakte, neue Pflanze bilden.

Aus SAMEN kann jeder Hobbygärtner seine eigene Zierpflanzen ziehen.

Als der wissbegierige Mönch Gregor Mendel vor rund 200 Jahren in seinem Klostergarten Erbsen miteinander kreuzte, konnte er nicht ahnen, dass er der Erste in einer langen Kette von Züchtern und Genetikern werden sollte. Trotz Gentechnik und geklonten Organismen muss man im Garten auch heute noch mit den Mendel'schen Regeln rechnen. Wer nämlich Geld sparen möchte und den selbst gesammelten Sa-

men von Zuchtformen einsät, erlebt fast immer eine Überraschung. Entweder keimen die Samen gar nicht oder es entstehen Tochterpflänzchen, die mit ihren Eltern kaum etwas gemein haben.
Die Erklärung lieferte schon der Klostergarten von Mendel: Bei der Bestäubung/Befruchtung vereinigt sich männliches mit weiblichem Erbgut; es entsteht die so genannte F1-Generation mit dem Erbgut, den Chromosomen von beiden Elternteilen. Bevor die Pflanzen der F1-Generation nun ihrerseits zur Fortpflanzung schreiten, trennen sie für ihre Keimzellen (Pollen, Eizelle) die Chromosomen wieder paarweise und zufällig auf. Die entstehenden Samen für die nächste Generation (F2) enthalten somit eine völlig zufällige Mischung aus väterlichen und mütterlichen Merkmalen. Nach den Mendel'schen Regeln werden Merkmale, deren genetische Information auf unterschiedlichen Chromosomen lokalisiert ist, unabhängig voneinander vererbt. Die Verteilung der einzelnen Merkmale auf die Nachkommen folgt dabei bestimmten statistischen Regeln.
Bei Wildkräutern spielt das keine praktische Rolle. Wildkräuter sind reinerbig, ihre Samen keimen problemlos zu Ebenbildern ihrer Eltern aus. Anders bei Zuchtpflanzen: Die Samenproduzenten kreuzen nämlich häufig Pflanzen unterschiedlicher Arten miteinander, das heißt, die F1-Generation besteht aus Hybriden („mischerbige" Pflanzen). Solche Hybriden haben häufig bessere Eigenschaften als ihre Eltern,

wie zum Beispiel große oder besonders üppige Blüten. Bei der Befruchtung (für die F2-Generation) werden die elterlichen Eigenschaften, sowohl die sichtbaren als auch die unsichtbaren Merkmale, so bunt durcheinander gemischt, dass selten keimfähige Samen entstehen. Für die Züchter ist diese Gesetzmäßigkeit besser als ein Patentschutz; wer nicht die Ausgangsformen kennt, hat keine Chancen, die „richtige" F1-Generation zu züchten.

Für die Verbraucher bleibt somit nichts übrig, als Jahr für Jahr neue Samen in der Tüte zu kaufen.

SCHÄDLING bleibt Schädling und Nützling bleibt Nützling. Das Gartenleben ist viel zu komplex für unsere praktischen Schubladen! Wenn wir die Welt – gemeint ist natürlich nur die biologische Welt im Kosmos unserer Gärten – in gut und böse, also nützlich und schädlich scheiden, zeugt das nur von unserer fehlenden Einsicht. Vor vielen Jahren sang der Schweizer Kabarettist Franz Hohler das Lied von einem kleinen, unscheinbaren Käfer, der auf einer einsamen Insel ausgerottet wurde: Im Lied schaukelte sich eine Kaskade unvermeidlicher Abhängigkeiten bis zum Weltuntergang auf. Ganz so schlimm ist es im Garten glücklicherweise nicht, aber auch dort gibt es keine isolierten Lebewesen.

Jedes Tier, jede Pflanze ist Bestandteil von biologischen Kreisläufen; jeder Organismus braucht Nahrung oder dient irgendwann selbst als Nahrung (Nahrungsketten). Wenn es dem Menschen gelänge, alle Blattläuse komplett auszurotten, verschwänden im Anschluss daran auch Marienkäfer, Florfliegen, Schlupfwespen und andere Tiere, denen die Nahrung entzogen wurde. Wenn wir Gärten hätten, aus de-

nen heimische Unkräuter vollständig verbannt wären, sprächen wir somit auch das Todesurteil für viele Tiere. Selbst scheinbar eindeutige Schädlinge, wie Pflanzen anknabbernde Ohrwürmer, Nacktschnecken oder Früchte stibitzende Vögel sind von Nutzen, weil sie andererseits anderen „Schädlingen“ das Leben schwer machen.
Gärten sollten keine Schlachtfelder („hie Feind – hie Freund“), sondern lieber Orte der Toleranz sein. Natürlich darf man seine Zier- und Nutzpflanzen schützen und bewahren, aber mit Augenmaß, am besten ohne chemische Keule und Ausrottungsfeldzüge!

Im SCHATTEN wachsen nur Farne.

Wo immer eine Schattenzone im Garten entsteht, pflanzt der geplagte Gärtner einige Farne und ist froh, an dieser schwierigen Stelle etwas Grünes zu sehen, weil „ja sonst eh nix wächst“. Leider ist dieses Vorurteil kaum auszurotten, dabei reichte ein Spaziergang durch einen Wald aus, um auch den größten Zweifler vom Gegenteil zu überzeugen: Schatten ist nicht Finsternis!
Die Evolution ist eine mächtige Antriebskraft; sie hat dafür gesorgt, dass zahlreiche Pflanzen auch mit der geringen Lichtintensität unter einem Blätterdach zurechtkommen. Natürlich gehören auch Moose und Farne in diese Gruppe schattenverträglicher Pflanzen – aber eben nicht ausschließlich. Hier ist zwar nicht der Ort, um erschöpfend über Schattenpflanzen zu referieren, aber zumindest Raum für einige Tipps!

Alpenveilchen und Hundszahn kommen wie viele andere Zwiebel- und Knollenpflanzen mit wenig Licht aus. Zu den wichtigsten Schattenstauden gehören Bergenien, Christrosen, Elfenblume, Funkien, Lerchensporn, Maiglöckchen und Taubnesseln sowie viele Primeln und Veilchen. Unter den Gehölzen sind Efeu, Hortensien, Immergrün, Mahonien, Schneeball oder Skimmien zu nennen. Fast alle Schattenbeete wirken zudem attraktiver, wenn sie durch nicht-pflanzliche „Schmuckstücke“ aufgewertet werden: In naturnahen Gärten übernehmen bemooste Steine, ein knorriger Baumstamm oder eine Wurzel diese Aufgabe, ansonsten eignen sich Kübel oder unaufdringliche Gartenplastiken.

Alle SCHNECKEN sind Pflanzenschädlinge. Wenn sich die ersten zarten Blättchen von Rittersporn oder Salat und Gemüse ins Freie strecken, steigt die Vorfreude auf Augen- und Gaumenschmaus – zumindest bis zum nächsten Morgen, wenn sichtbar wird, wie gründlich die Schnecken ihre Arbeit getan haben. Wut und Hass auf die schleimigen Übeltäter mündet dann üblicherweise in dem Bestreben, ihnen gründlich den Garaus zu machen. Dann nützen auch keine Hinweise auf die ökologische Bedeutung der Schnecken: Als „Geier des Gartens“ räumen sie nämlich auch konsequent alle Reste verwesender Pflanzenteile aus dem Weg und halten damit Krankheiten und Schädlinge in Schach. Im Allgemeinen sind die Gehäuseschnecken übrigens weniger gefräßig als ihre nackten Genossen. Leider muss man aber feststellen, dass auch sie einem leckeren Angebot so gut wie nie widerstehen können.

Die bekannte Weinbergschnecke macht sich sogar regelmäßig über die Eier von Nacktschnecken her und sorgt damit auf ihre Weise für die Eindämmung der Schneckenplage – zumindest also eine Art, die man zur Ehrenrettung der Gruppe anführen könnte.

Es gibt ein sicheres Mittel gegen SCHNECKEN.

Während manche Gärtner auf ihr angeblich sicheres Schneckenmittel schwören, können andere geplagte Gartenbesitzer nur gequält grinsen: „sicheres Mittel, dass ich nicht lache!" Dass Schnecken in der Tat ein Problem darstellen, zeigt schon die schiere Zahl der Empfehlungen. Hier der Versuch (!) einer Würdigung: Schnecken sind beinlose Weichtiere, die auf selbst produziertem Schleim kriechen, indem sie ihren muskulösen Fußmuskel wellenartig zusammenziehen. Dieser Schleim bildet eine derart schützende Schicht, dass Schnecken locker über alle Arten von Barrieren kriechen. Sägemehl, Kieselsteine, Tannennadeln, Gerstenspreu oder ähnlich tolle Ideen zur Ausgrenzung von Schnecken sind daher gewöhnlich nutzlos.

Beliebt sind auch abwehrende Pflanzen, wie Kapuzinerkresse, ausgestreute Farn- oder Tomatenblätter, deren Wirkung allerdings gleichfalls zu wünschen übrig lässt. Mit eingegrabenen Bechern voll Bier oder Cola fängt man immer nur einige der Übeltäter und lockt außerdem noch die Schnecken aus der Nachbarschaft an. Zusätzlich muss man die gefangenen Tiere eigenhändig entsorgen oder töten, was nicht jedermanns Sache ist. Ebenso viel Überwindung kostet es,

Schnecken unter ausgelegten Brettern oder anderen feuchten Schlupfwinkeln einzusammeln und zu töten. Igel, Spitzmäuse, Vögel, Kröten und Eidechsen fangen zwar einen Teil der Schneckenplage weg, es bleiben aber immer noch genügend übrig, die sich Nacht für Nacht aus ihren Verstecken Richtung Beet aufmachen. Auf einem Bauernhof oder in einem großen ländlichen Garten könnte man sich Hühner oder Lauf-Enten als Schneckenvertilger halten, aber wie sähe das in einem 200 Quadratmeter großen Reihenhausgarten aus?
Gifte aller Art („Schneckenkorn“) wirken tatsächlich, wenn sie denn von den Tieren gefressen und vom Gärtner gebilligt werden.

Letztlich landet man bei mechanischen Schutzmaßnahmen: Wertvolle Einzelpflanzen (Dahlien, Rittersporn) kann man mit einem übergestülpten Einweckglas so lange schützen, bis die Triebe kräftig genug sind, einen Schneckenangriff wegzustecken. Kleinere Beete schützt man sehr wirkungsvoll mit einem Schneckenzaun. Allerdings sollte man vorher den Innenraum sehr gründlich nach verborgenen Schnecken absuchen. Sie lieben es nämlich, sich unter dicken Mulchschichten zu verkriechen. Ansonsten hat man sich nur ein perfektes Freigehege für Schnecken eingehandelt. Fazit: Der Traum von einem schneckenfreien Garten ist eben doch leider nur ein Traum, ein schöner, unerfüllbarer Wunsch.

Nur Pilze vermehren sich durch SPOREN.

Wer keine Lust verspürt, sich auf spitzfindige, botanische Definitionen oder Details einzulassen, darf dieses Stichwort überspringen, wird aber interessante Einblicke in die Evolution der Pflanzen verpassen. Aus reifen

Pilzen, die mit der Unterseite des Hutes auf einem Blatt Papier liegen (das klappt auch mit Champignons aus dem Supermarkt), rieselt dunkler Staub – die mikroskopisch kleinen Sporen der Pilze. Sporen sind definitionsgemäß Vermehrungseinheiten mit einem einfachen Chromosomensatz. Um sie dreht sich der folgende Parforceritt durch die Botanik: Wenn man einmal von der Tatsache absieht, dass Pilze gar keine Pflanzen sind, so gibt es keine Pflanze, die nicht irgendwann in ihrem Leben Sporen bildet – selbst Blütenpflanzen machen da keine Ausnahme.

Alle Pflanzen, die sich sexuell fortpflanzen, benötigen Keimzellen mit einem Satz Chromosomen (Erbgut). Männliche und weibliche Keimzellen verschmelzen zu einer Zygote mit zwei Chromosomensätzen. Während der Bildung dieser Keimzellen durchlaufen alle Pflanzen ein Stadium der Sporenbildung. Ohne auf die komplizierten Vorgänge einzugehen, mit denen Prüflinge in botanischen Examina gerne aufs Glatteis geführt werden, darf man Sporen vereinfacht in zwei Gruppen gliedern.

Gruppe 1: Aus einer Spore wächst ein gut sichtbares Pflänzchen aus. Hierzu gehören neben den Pilzen auch die Moose. Gruppe 2: Aus einer Spore wächst nur ein winziges bis mikroskopisch kleines Pflänzchen aus. Auf ihm entstehen die Keimzellen, die später zur Zygote verschmelzen. Erst das Produkt dieser Verschmelzung wächst dann zu der Pflanze aus, die wir sehen und kennen. In diese Gruppe gehören die Bärlappe, Farne und Samenpflanzen (unsere Gartenpflanzen). Während man bei Bärlappen und Farnen Sporen und deren Produkte noch mit bloßem Auge (eine Lupe ist erlaubt) sehen kann, braucht man bei Samenpflanzen ein Mikroskop: Ihre Sporen wachsen gut verborgen in der Blüte zu Pollenkorn und Eizelle heran, das heißt im Innern jeder Blüte wiederholt sich Jahr für Jahr ein uralter Prozess der Evolution.

S

Durch regelmäßigen SCHNITT bleiben Sträucher klein.

Es ist kaum möglich, sich den Konsequenzen dieser unsäglichen Gartenweisheit zu entziehen. Selbst professionelle Gärtner der städtischen Gartenbauämter scheinen im Herbst häufig nichts Besseres zu tun zu haben, als die Parksträucher wie mit einem Rasenmäher zu verstümmeln. Die Folgen? Im nächsten Frühling treiben solcherart malträtierte Sträucher umso stärker wieder aus. Die hoch aufschießenden, unverzweigten Jungtriebe passen dann erst recht nicht ins Bild eines „ordentlichen" Gartens und werden erneut beschnitten – ein Teufelskreis.

Man kann Sträucher nicht auf eine bestimmte Höhe trimmen! Selbst wenn man jeden austreibenden Zweig sofort zurückschneidet, erreicht man nur, dass der Strauch eine völlig unnatürliche Wuchsform annimmt. Jedes Gehölz wächst nämlich bis zu einer bestimmten Maximalhöhe heran. Mammutbäume werden nun einmal höher als Birken. Im Erbgut jeder Art ist eine bestimmte Marge vorgegeben, die je nach den Standortbedingungen (Boden, Feuchte, Exposition) nach oben oder unten ausgefüllt wird. Sobald ein Strauch eine gewisse Größe erreicht hat, geht er in die generative Phase über. Er reduziert sein hemmungsloses Längenwachstum, verzweigt sich stärker und schaltet auf Fortpflanzung mit Blüten- und Samenbildung um. Durch zu starken Rückschnitt hemmt man diesen Übergang in die generative Phase, der Strauch bleibt „jugendlich" und reagiert mit verstärktem Wachstum.

Fragen Sie daher vor dem Kauf eines Strauches unbedingt nach der maximalen Endhöhe. Nur nicht locker lassen; der Verkäufer kann die Werte für Arten und Sorten nachschlagen! Entscheiden Sie sich für einen angemessen großen Strauch, den Sie nur vorsichtig auszudünnen brauchen (Aufbau- und Erhaltungsschnitt), ansonsten lassen Sie der Natur ihren Lauf.

SCHWERTLILIEN sind Knollenpflanzen und gehören an den Gartenteich. Wie dieses Doppelvorurteil entstehen konnte, ist kaum noch nachzuvollziehen. Immerhin gibt es bereits unter den heimischen, wilden Schwertlilien sowohl Vertreter, die im Feuchten wachsen (beispielsweise die Sumpfschwertlilie), wie andere, die sich auf Trockenrasen wohl fühlen (wie die Bunte Schwertlilie). Das Schwertlilien-Angebot im Gartencenter mit seinen zahlreichen Arten, Sorten und Hybriden trägt denn auch beiden Lebensräumen Rechnung: Es besteht aus Formen für den Teichrand und anderen für die trockeneren Rabatte.

Fast noch interessanter ist der erste Teil des Gartenirrtums, denn der Begriff der „Knolle“ wird im Allgemeinen Garten-Sprachgebrauch ziemlich inflationär verwendet. Schwertlilien, oder korrekter *Iris*-Arten, überwintern entweder mit einem unterirdischen Spross (Rhizom; die so genannten Rhizomiris) oder mit einer Zwiebel (Zwiebeliris). Die Gruppe der Rhizomiris ist besonders variabel: Es gibt sowohl Formen, die an feuchten Stellen stehen müssen, als auch solche, die trockene Böden und pralle Sonne lieben (zumindest im Sommer). Entsprechend stellen sie auch das breiteste Angebot in den Regalen der Anbieter. Ihre in „Bartiris“ und „Bartlose Iris“ gegliederten Formen bilden besonders große und prachtvolle Blüten aus und bleiben den Sommer über grün. Zwiebeliris vertragen dagegen keine Feuchtigkeit – sie gehören wirklich nicht an den Teich –, sondern brauchen unbedingt durchlässige Böden. Sie wirken in der Regel zierlicher und natürlicher, daher eignen sie sich besonders gut für Steingärten und naturnahe, sonnige Beete. Im Unterschied zu den Rhizomiris ziehen sie im Sommer die Blätter ein und legen eine Ruhephase ein.

Schnell wachsende Koniferen bilden einen idealen SICHTSCHUTZ.

Der Zyklus der äußerst beliebten Hecken aus fremdländischen Koniferen folgt fast immer demselben Schema: Unmittelbar nach dem Hausbau scheinen die neuen Besitzer von der panischen Angst beherrscht zu werden, jemand könne sie auf der Terrasse beobachten. Eine Mauer rund um das Grundstück würde wie ein Gefängnis wirken, also werden Lebensbäume, Scheinzypressen oder ihre benadelten Verwandten gekauft und möglichst dicht auf die Grundstücksgrenze gepflanzt.

Nun herrscht für einige Jahre Ruhe und Zufriedenheit – bis zur Phase des Zweifelns: Eine viel zu hohe, grüne Mauer umwallt den Garten, die ihn zudem regelmäßig mit dichtem Schlagschatten überzieht. Um Abhilfe zu schaffen, werden dann die Spitzen der Bäume gekappt, was ihnen ein jämmerliches Aussehen verleiht und das Problem nur verlagert. Im trockenen Boden im Umkreis der Bäume will nichts gedeihen, sie beginnen unten zu verkahlen.

Der Zweifel geht nahtlos in Verzweiflung über und endet fast immer mit einer Radikalkur. Alle Koniferen werden rücksichtslos gefällt und gerodet, was sich bei größeren Exemplaren schwieriger erweist als erwartet. Kaum ist die Hecke weg, lernt man zwar endlich seine

Nachbarn kennen, doch da kriecht wieder die Angst vor neugierigen Blicken hoch... Eigentlich könnte man doch wieder eine Hecke ... Spätestens jetzt sollte man den Zyklus nach dem ersten Durchgang abbrechen. Durchgängige Koniferenhecken sind nur selten die beste Lösung, um Einblicke zu verhindern.

Es ist viel sinnvoller und ästhetischer, die sensiblen Zonen gezielt durch dichte Strauchgruppen (auch Koniferen) abzudecken. Auch ein hübsches, begrüntes Rankgitter direkt vor der Terrasse erfüllt die Rolle eines Sichtschutzes. Alle übrigen Grenzlinien werden besser mit einer gemischten, locker aufgebauten Hecke bepflanzt, die ab-, aber nicht ausgrenzt.

Biologische SPRITZMITTEL sind unbedenklich.

Alles, was „Bio" ist, ist auch gesund – wirklich? Nein, das gilt keineswegs vorbehaltlos für Lebensmittel und schon gar nicht für biologische Spritzmittel gegen Pilze, Insekten und andere Schädlinge im Garten. Nur wer aus Kräutern selbst hergestellte Brühen oder Jauchen verspritzt, ist auf der sicheren Seite. Diese Produkte verdienen tatsächlich das Prädikat „unbedenklich“.

Ähnliches gilt für entsprechende kommerzielle Präparate, wie Ackerschachtelhalm-, Brennnessel- oder Mischextrakte. Auch die so genannten Pflanzenstärkungsmittel (Algenpräparate, Pflanzenstäube) werden kontrolliert hergestellt und dürfen frei verwendet werden. Wie wirksam letztere allerdings wirklich sind, daran scheiden sich die Geister. Wenn überhaupt, zeigen sie nur dann eine Wirkung, wenn sie frühzeitig, also vor dem Befall, angewandt werden.

Auch die „echten“ biologischen Pflanzenschutzpräparate, die man gegen bestimmte Schädlinge anwendet, nachdem der Schaden bereits offenbar ist, können es im Wortsinne „in sich“ haben! Sie werden von der Biologischen Bundesanstalt zugelassen und erhalten dann neben einem Prüfzeichen ein Kennzeichen (schwarzes Symbol auf orangefarbenem Grund), das angibt, wie giftig das Produkt ist. Im Beipackzettel muss genau angegeben werden, ob und worin die Gefährdung für Mensch und Tier besteht, ob das Mittel bienenverträglich ist usw.

Ein typisches Gift in solchen Präparaten ist unter anderem das Pyrethrum. Dieser Blütenextrakt aus einer Chrysanthemenart kann auch Nützlinge töten. Das giftige Rotenen stammt aus einem tropischen Hülsenfrüchtler. Nur das Neem aus dem asiatischen Neem- oder Niembaum scheint den Nützlingen nicht zu schaden. Ob Sie den Schädlingen in Ihrem Garten nun mit chemischer oder biologischer Keule zu Leibe rücken wollen, halten sie sich unbedingt an die Spritzzeiten und Dosierungsangaben! Letztlich kommt es darauf an, ein Fachgeschäft Ihres Vertrauens zu finden, in dem Sie ein sachkundiger Verkäufer über Vorteile und Nebenwirkungen informiert.

STALLMIST auf dem Beet ist ein guter Dünger. Tierische Abfallprodukte, wie Mist oder Gülle, enthalten zwar relativ hohe Mengen an Stickstoff und Phosphor sowie Kalium und Kalzium. Dennoch eignen sie sich nur sehr bedingt als „direkter" Dünger auf dem Beet. Zum einen können bei der Umsetzung durch Bodenorganismen relativ hohe Temperaturen entstehen (bei Pferde-, Schaf-, Ziegen, Kaninchenmist), vor allem jedoch lässt ein zu hoher Anteil an frischem Stallmist viele Jungpflanzen „verbrennen". Das hat wenig mit hitzigen Temperaturen, aber sehr viel mit der Wasseraufnahme zu tun. Alle Pflanzen nehmen die im Bodenwasser gelösten Düngermoleküle über ihre Wurzelhaare auf. Dieser physiologische Vorgang kann nur dann ablaufen, wenn die Konzentration der Teilchen im Wurzelinnern höher ist als die der Düngermoleküle im Bodenwasser. Es muss ein osmotisches Gefälle zwischen dem Zellsaft der Wurzelhaare (Saugkraft) und dem Salzgehalt des Bodenwassers bestehen. Bei Überdüngung durch mineralische Dünger oder eben bei zu viel frischem Stallmist kann es pas-

sieren, dass die Teilchenkonzentration im Bodenwasser zu stark ansteigt. Die Wurzeln können kein Wasser mehr aufnehmen, die Blätter der Pflanze verwelken und sterben schließlich ab.

Stallmist wird nur dann zum perfekten Dünger, wenn er eine Kompostierung durchlaufen hat – mit einer Ausnahme: Wenn man ihn mit reichlich Stroh vermischt, darf Stallmist in dünner (!) Schicht auf das herbstliche Beet gepackt werden. Als Mulch schützt er die empfindlichen Pflanzenwurzeln vor Frost und kann im Frühling oberflächlich eingearbeitet werden.

STOCKROSEN sind dornenlose Rosen.

Auch wenn es die Namensgebung nahe legt, Stockrosen oder Bauerngartenrosen haben nichts mit den „echten“ Rosen zu tun. Mehr Klarheit bringt ihr dritter Name, Stockmalven. Betrachtet man die Blüten einer Stockrose genauer, fällt die kleine Säule auf, die aus dem Blütenboden herausragt. Sie besteht aus den verwachsenen Staubgefäßen und ist ein typisches Merkmal der Malvengewächse, die in unseren Gärten zum Beispiel auch durch den Hibiskus vertreten sind.

Die Malven gehören zu einer weiten und sehr umfangreichen Verwandtschaftsgruppe, zu der neben vielen anderen Familien auch die Veilchen, Brennnesseln oder Weidengewächse gehören. Mit den Rosengewächsen haben sie nur Millionen Jahre alte, entfernte Vorfahren aus den Anfängen der Blütenpflanzen gemeinsam. Vermutlich waren die Stockrosen mit ihren prachtvollen, großen, auch gefüllten Blüten so etwas wie der Rosenersatz für Arme. Im Laufe der Zeit entwickelten sie sich zu der Bauerngartenpflanze schlechthin, deren zahlreiche Sorten mehr denn je überzeugen.

Stockrosen sind Stauden, lassen aber im Alter merklich in ihrer Blühfreude nach; daher werden sie gewöhnlich nur zweijährig gezogen und regelmäßig durch neue Aussaaten ergänzt. Da viele Sorten genetisch stabil sind, kann man die Samen einsammeln und am gewünschten Standort wieder aussäen. Stockrosen brauchen Sonne und nährstoffreichen Boden. Da sie über zwei Meter hoch werden können, müssen sie spätestens im zweiten Jahr gestützt werden und gehören an den Rand oder in den Hintergrund eines Beetes.

SUKKULENTEN wachsen nur in der Wüste. Wo die Sonne über der Wüste untergeht und ein einsamer Cowboy zwischen mächtigen Saguaro-Kakteen auf den roten Horizont zu reitet – da sind die Sukkulenten zu Hause. Viele Gärtner sehen das ähnlich, Kakteen gelten als die Sukkulenten (dickfleischige Gewächse) schlechthin. Obwohl dieses Vorurteil sicher nicht ganz unberechtigt ist, hat die Evolution die Sukkulenz mehrfach und unabhängig voneinander „erfunden".

Um Sukkulenten zu entdecken, muss man nicht unbedingt botanische Lehrbücher wälzen, in denen die teilweise äußerst raffinierten physiologischen und biochemischen Anpassungen beschrieben werden. Es reicht völlig, mit offenen Augen durch die Natur (oder ein Gartencenter) zu gehen.

Das auffälligste Merkmal der Sukkulenz ist nämlich auch für jeden Laien mit bloßem Auge sichtbar: In den verdickten Blättern oder Sprossen speichern die Pflanzen Wasser für Notzeiten. Sukkulenz tritt überall dort auf, wo zu bestimmten Zeiten längere Trockenheit herrscht. Das kann, wie in Wüsten und Halbwüsten, jahreszeitlich bedingt sein oder, wie im Hochgebirge, im Tageslauf wechseln.

Allerdings braucht man gar nicht so weit zu reisen. Man findet sukkulente Pflanzen in Weinbergen, zwischen Felsspalten oder auf offenem Geröll. Es gibt sogar eine Pflanzenfamilie, die „Dickblattgewächse“ (typische Vertreter sind Hauswurz und Fetthenne), die ihren Namen der Sukkulenz verdankt. Statt seinen Steingarten mit beliebigen Polsterpflanzen zu füllen, kann es auch äußerst reizvoll sein, ihn mit gezielt ausgewählten, heimischen und exotischen, sukkulenten Pflanzen zu gestalten.

TEEROSEN tragen ihren Namen nach der englischen Teestunde.

Edle Rosen als Dekoration zur englischen *Tea-Time* wären durchaus nicht ungewöhnlich, allerdings geht der Name der *Tea-Roses* (unsere Teerosen) auf einen völlig anderen Ursprung zurück. In den Gärten des historischen China wurden Rosen seit vielen Jahrhunderten gekreuzt, zufällige Mutationen ausgelesen und wieder gekreuzt. Dabei entstanden zahlreiche Sorten, die über die Hafenstadt Kanton schließlich auch nach Europa exportiert wurden.

Eine der bekanntesten Formen war die rosafarbene 'Odorata' (Stammmutter war *Rosa* x *odorata*), die 1752 nach Uppsala in Schweden gebracht wurde und wahrscheinlich von dort 1759 in den Botanischen Garten von Kew bei London gelangte. Dort erregte sie aber offenbar kein besonderes Aufsehen, denn die Züchtung geriet zunächst in Vergessenheit.

Rund 50 Jahre später startete die chinesische Großgärtnerei Fa-Ti in Kanton einen neuen Versuch; 1808 wurde 'Odorata' und 1824 'Ochroleuca' nach Großbritannien exportiert. Diesmal waren die Gärtner begeistert. Allerdings konnten die Engländer mit den „Fa-Ti Roses" wenig anfangen und tauften sie kurzerhand in die griffigeren *Tea-Roses* um – dabei blieb es bis heute, auch in Deutschland.

Es gibt allerdings einige Sorten dieser Gruppe, die tatsächlich leicht nach Tee duften. Für eine davon prägten clevere englische Rosenzüchter den blumigen Namen ‚Hume's Blush Tea-Scented China', womit sich schließlich doch der Kreis zur Teestunde schließt.

Teerosen gehören zu den empfindlichsten Rosenformen. Sie brauchen einen vor Kälte geschützten Standort und unbedingt lockeren Boden. Im Winter müssen sie angehäufelt und besser noch durch Reisig geschützt werden.

Der Aushub von TEICHEN ist im Garten nicht zu gebrauchen und muss entsorgt werden.

Da ein guter Teich viel tiefer als 20 bis 30 Zentimeter ausgehoben wird, fällt eine Menge Erde aus dem Unterboden an. Dieses Material (siehe Stichwort Mutterboden) enthält keinen Humus und eignet sich daher nicht als Beetauflage. Dennoch ist dieser „Mineralboden“ viel mehr als wertloser Abfall. In kleinen Mengen und gut zerkrümelt bildet er einen guten Zuschlagsstoff für den Kompost, denn die Kompostorganismen können seine Mineralien verwerten; so wird der Unterboden zu einem Bestandteil des Kompostes.
Wirklich problematisch ist nur ein stark tonhaltiger Unterboden. Hier lohnt es sich, einen Fachmann zu befragen. Unter Umständen kann man dort seinen Teich nämlich vollständig „natürlich“, also ohne Folie oder Becken, anlegen. Dazu muss aber sichergestellt sein, dass die vorhandene Tonschicht wirklich ausreicht, das Wasser zu halten. „Entsorgter“ Ton aus einer Teichgrube lässt kein Wasser durch, fällt also für die oben genannten Beispiele aus. Man könnte höchstens versuchen, aus dem Ton einen Bachlauf zu modellieren, der munter in den neuen Teich plätschert. Das restliche Material muss allerdings entsorgt werden.

Fallen größere Mengen an sandigem Boden an, so kann man diesen für die Gestaltung von Steingärten, als Füllmaterial für Kräuterspiralen oder für ein mediterranes Gewürzbeet verwenden. In diesen Fällen ist der fehlende Humus kein Nachteil, sondern kommt den Ansprüchen der Pflanzen entgegen.
Sollte im Steingarten etwas humusreicherer Boden, etwa für eine Pflanztasche, erforderlich sein, mischt man eben eine entsprechende Menge Humus bei.

TEICHPFLANZEN dürfen nicht gedüngt werden.

Teiche mit nährstoffreichem Wasser beziehungsweise großen Mengen an organischem Material, stehen ständig in der Gefahr „umzukippen“: Das Algenwachstum wird gefördert und in dem abgesunkenen Material vermehren sich Fäulnisbakterien, die unter Abschluss von Luftsauerstoff übel riechende Gase wie Schwefelwasserstoff oder Methan erzeugen. So weit, so bekannt – diesen Kreislauf durch Dünger noch zu verstärken, wäre in der Tat fatal.

Andererseits sind natürlich auch Teichpflanzen auf Nährstoffe angewiesen, daher brauchen auch sie ab und an etwas Dünger. Also von Zeit zu Zeit einen ordentlichen Löffel Kalk ins Wasser für gutes Wachstum? Im Teich kommt es darauf an, ganz gezielt die Einzelpflanze zu düngen und den pH-Wert des Wassers stets im sauren Bereich zu halten (so weit zum Kalk). Das Substrat der Seerosen, also die Teicherde, wird bereits beim Einpflanzen mit groben Hornspänen vermischt. Sie gibt ihre Nährstoffe nur sehr langsam ab und reicht für lange Zeit aus. Hornspäne sind auch ein guter Langzeitdünger für die Pflanzen der Flachwasserzone, die in offenen Containern eingesetzt werden.

Sollten sich nach einigen Jahren Mangelsymptome zeigen (vergilbte Blätter, schwächeres Wachstum, Anfälligkeit gegenüber Krankheiten, bei einigen Pflanzen wie Blumenbinsen auch Blühfaulheit), holt man die Container einfach aus dem Wasser und versetzt die Erde entweder mit Hornspänen oder speziellen Fertigpräparaten. In der Sumpfzone, wo viele Pflanzen mit relativ hohem Nährstoffbedarf wachsen, kommt es am ehesten zu Mangelsymptomen. Steht die Sumpfzone direkt mit dem Teichwasser in Verbindung, werden wiederum nur Langzeitdünger verwendet. Isolierte Sumpfbeete dürfen sparsam mit den üblichen Stickstoffdüngern gedüngt werden.

Eine Ausnahme stellen nur reine Moorbeete dar: Hier wachsen ohnehin nur Pflanzen, die an extreme Nährstoffarmut angepasst sind; Dünger wäre somit völlig fehl am Platze. Sollten hier die Blätter vergilben, herrscht entweder akuter Eisenmangel (spezielle Moordünger mit Eisen-Chelaten zugeben) oder ein zu hohen pH-Wert.

TOMATEN müssen immer am selben Platz stehen. Dieser Gartenirrtum war auf dem besten Wege, zu einem unumstößlichen Dogma zu werden: Tomaten gehörten nicht nur Jahr für Jahr auf denselben Stammplatz, man sollte sogar den Boden, in dem sie wachsen, mit kompostierten Tomatenlaub düngen. Einen wissenschaftlich belegten Grund für diese erzwungene Standorttreue gibt es jedoch nicht. Inzwischen weicht diese harte Front der Befürworter immer mehr auf, sodass jeder Hobbygärtner eigene Versuche anstellen sollte. Als typisches Gewächs der Tropen fühlen sich Tomaten bei uns ohnehin nur eingeschränkt wohl. Wichtiger als strikte Standorttreue ist daher, ihnen möglichst optimale Wachstumsbedingungen und Entfaltungsmöglichkeiten zu bieten.

Verwenden Sie ausschließlich robuste Sorten (Samen oder vorkultivierte Pflänzchen). Die jungen Tomatenpflänzchen gehören in die volle Sonne, in ein Beet mit nährstoffreichem Boden (Erde im Herbst des Vorjahres reichlich mit Kompost, organischem Langzeitdünger und Mulch aufbereiten). Um der Gefahr von Kraut- und Braunfäule zu begegnen, dürfen Tomaten niemals in der Nähe von Kartoffeln stehen. Außerdem verringert man das Risiko dieser und anderer Pilzkrankheiten, wenn man die Tomaten mit ausreichendem Abstand (etwa 80 Zentimeter) zueinander und tief einpflanzt (Stütze gleich mit eingraben). Achtet man weiterhin darauf, die Seitentriebe auszubrechen (Ausgeizen) und das Gießwasser nur auf den Boden, nicht über die Blätter zu gießen, sollten die Tomaten eigentlich gedeihen – es sei denn, der Sommer ist verregnet, es stellen sich Pilze oder Viren ein ... oder sollte die Sache mit dem Standort vielleicht doch ... ?

TOPINAMBUR ist eine Art Kartoffel.

In vielen Kochbüchern werden Topinambur-Knollen, auch Erdbirne, Erdschocke oder Jerusalemartischocke genannt, wie eine Kartoffelbeilage behandelt – daher wohl die Verwechslung. Im Supermarkt ist Topinambur nicht immer zu finden und selbst wenn die Knolle angeboten wird, übersieht man sie leicht, weil sie überdimensionalen Ingwerknollen ähnelt. Die essbare Knolle ist das unterirdische Speicherorgan einer Sonnenblumenart (*Helianthus tuberosus*). Sie stammt wie ihre blühende, Öl liefernde Verwandte aus Nordamerika. Beide gehören in die Familie der Körbchenblütler, sind also eng mit Astern und Margeriten verwandt. Die Kartoffel ist dagegen ein giftiges Nachtschattengewächs (nur die nicht ergrünte Knolle ist ungiftig).

Topinambur ist anspruchslos und kommt mit allen normalen Gartenböden zurecht. Man legt die Knollen im Frühling in den Boden und wartet ab. Aus ihr wachsen bis zu zwei Meter hohe Pflanzen, die jedoch im Unterschied zur Sonnenblume nur selten und dann auch nur mit relativ kleinen Blütenständen (vier bis acht Zentimeter breit) ab September blühen. Man belässt die Knollen so lange im Boden, bis man sie braucht; Topinambur ist winterhart und kann auch während frostfreier Tage ausgegraben werden. Die Knollen werden roh oder gedünstet verzehrt. Da etwa sieben bis acht Prozent ihrer Kohlenhydrate aus unverwertbarem Inulin bestehen und Topinambur keine Glukose enthält, stellt sie eine wertvolle Diabetikernahrung dar.

TORF verbessert den Boden.

Bis weit ins vergangene Jahrhundert hinein galten Moore als öde, nutzlose Landstriche, die es zu erschließen galt. Großflächige Entwässerungsmaßnahmen und die politisch geförderte Landwirtschaft haben dazu geführt, dass die weiten Moorlandschaften bis auf wenige, heute geschützte Reste, verschwanden. Der Torf fiel bei der Moorkultivierung fast nebenbei mit an und wurde preiswert vermarktet. Aus jener Zeit stammt das Vorurteil.

Niedermoortorf ist das Zersetzungsprodukt verschiedener Pflanzen und hat einen pH-Wert, der vom sauren bis in den neutralen Bereich schwankt (pH 5,0 bis 7,5); er ist weitestgehend in Humus verwandelt und nährstoffreich. Hochmoortorf setzt sich dagegen ausschließlich aus den Überresten von Torfmoosen zusammen und hat einen stark sauren pH (2,5 bis 3,5). Je nach dem Grad der Zersetzung unterscheidet man den jüngeren Weißtorf vom älteren Schwarztorf. Da die Torfbildung extrem lange dauert, ist Torf kein „nachwachsender“ Rohstoff – jedes ausgetorfte Moor ist unwiederbringlich verloren!

Sprechen bereits die ökologischen Bedenken gegen eine Verwendung von Torf, so die praktischen Auswirkungen umso mehr: Regelmäßige Torfgaben machen den Gartenboden sauer, womit nur wenige spezialisierte Pflanzen fertig werden (wie Heiden, Rhododendren, Moorbeetpflanzen). Torf enthält keine Nährstoffe, der Boden muss also mit zusätzlichem Dünger versorgt werden. Das Einzige, was Torf wirklich vermag, ist eine Verbesserung des Wasserhaushaltes. Man kann seine Wirkung recht gut mit der eines Schwammes vergleichen: In schweren, feuchten Böden entzieht er Feuchtigkeit, in sandigen Böden speichert er Wasser und gibt es nach und nach ab. Also doch keine Alternative zu Torf?

Kommerzielle Holzfaserprodukte oder Kokosfasern stammen aus nachwachsenden Rohstoffen und erfüllen denselben Zweck, allerdings muss bei trockenen Böden etwas häufiger gegossen werden; noch preiswerter ist zerkleinertes Stroh. Für saure Beete bietet sich Rindenhumus an, der gelegentlich mit Moorbeetdünger ergänzt wird – es geht sehr wohl ohne Torf!

TULPEN stammen aus Holland.

Die Quote bestimmt, was gut ist und angeboten wird – zumindest im Fernsehen. Ginge es also nach dem Angebot im Gartencenter oder den nach Zehntausenden zählenden Besuchern niederländischer Tulpenhöfe, dann müssen Tulpen einfach aus Holland stammen. In der Tat gilt diese Aussage für die meisten der heutigen Ziertulpen. Die Stammväter und -mütter dieser modernen Sorten stammen jedoch aus weiter räumlicher und zeitlicher Ferne. Nördlich der Alpen wächst nur eine einzige wilde Tulpenart (*Tulipa sylvestris*), und selbst die ist hier nicht ursprünglich heimisch. Die Wildtulpe stammt aus dem Mittelmeergebiet und gelangte erst relativ spät über Kloster- und Schlossgärten in den kühlen Norden.

Das älteste Zeugnis einer Gartentulpe fand man dagegen in einem chinesischen Fürstengrab, wo ihr Bild schon vor über 2.000 Jahren in einen kostbaren Stoff gestickt wurde. Die Vorfahren unserer heutigen Gartentulpen bringen es allerdings auf ein weniger biblisches

Alter: Die türkischen Sultane hatten ein Faible für wilde Tulpen aus den Steppen des Kaukasus, Afghanistans und Nordchinas; vielleicht gefiel ihnen die Turbanform der Blüten. Unter den Türken entstanden auch erste Züchtungen. Sultan Suleiman der Prächtige beschenkte den Diplomaten Ogier Ghislain de Busbecq (1522 bis 1592) mit einigen Tulpensamen. Als pflichtbewusster Politiker im Dienste Habsburgs brachte de Busbecq die Samen nach Hause und reichte sie an den damals berühmten Botaniker Carolus Clusius weiter. Clusius ließ die Samen in Wien und Prag aussäen – mit mäßigem Erfolg; die Stunde der Tulpen war noch nicht gekommen. Erst als Clusius als Direktor an den Botanischen Garten von Leiden berufen wurde, gelang der Durchbruch. Die Tulpen fühlten sich in den sandigen Schwemmböden der Niederlande äußerst wohl und avancierten rasch zum „Renner" und Spekulationsobjekt. Immer neue Formen und Sorten entstanden, deren Zwiebeln gelegentlich in Gold aufgewogen wurde.

Mit Tulpen konnte man in jener Zeit ein Vermögen machen – oder eins verlieren! Heute ist die holländische Tulpenzucht eine gut funktionierende Industrie, die den Markt Jahr für Jahr mit neuen und immer prächtigeren Züchtungen beglückt.

Gartenböden muss man regelmäßig UMGRABEN.

Bei dieser Aussage bilden sich sofort klare Fronten, deutlich und scharf wie eine Rasenkante – Mittelwege scheint es nicht zu geben. Traditionalisten sagen, Umgraben im Herbst muss sein, da nur so der Frost den Boden zerkrümeln könne – die erwünschte Frostgare. Biogärtner halten dies für Unfug, da nur eine gesunde Ausstattung mit Bodenlebewesen für eine gute Krümelstruktur sorgt – Umgraben zerstöre jedoch die natürliche Bodenschichtung.
Wie so oft hilft ein Blick auf die Natur: Natürlich laufen in Wald und Flur keine Gärtner herum, die regelmäßig umgraben; dort herrscht reges Bodenleben, Humus entsteht und vergeht, die oberste Bodenschicht ist locker und durchlüftet – ein Punkt für die Biogärtner. Was aber ist mit schweren Tonböden? Im Sommer backt die Sonne die Oberfläche ziegelsteinhart, Trockenrisse bilden sich, während heftige Regengüsse wie in einem Schwamm aufgesaugt werden. In freier Natur, ohne mechanische Lockerung des Bodens, kommen hier nur wenige, und nicht besonders attraktive Spezialisten zurecht – ein Punkt für die Traditionalisten. Nun gibt es allerdings nur selten Gärten mit reinen Wald- oder mit reinen Tonböden – also alle Fragen offen? Natürlich nicht, es wartet auf jeden Fall Arbeit.

Wenn nach dem Hausbau der letzte Bagger, die letzte Betonmischmaschine verschwunden ist, sollte man den Garten einmal gründlich umgraben, dann Gründünger säen und schließlich mulchen. Danach gehört arbeitsintensives, Schweiß treibendes Umgraben der Vergangenheit an. Im nächsten Herbst wird der Boden nochmals gründlich gelockert (mit Grabegabel, Bio-Grabegabel, Sauzahn) und wiederum zehn bis 15 Zentimeter hoch gemulcht. Im Frühling lockert man den Boden vorsichtig ohne die

Schichtung zu stören und trägt neuen Mulch dünner auf. Lockern und vorsichtiges Mulchen bleiben von nun an die einzigen Bodenarbeiten im Beet. Einverstanden?

Containerpflanzen mit VERFILZTEN WURZELN sind nicht mehr zu retten.

Welcher Hobbygärtner kennt diese Situation nicht? Nach einem Besuch im Gartencenter – zum Glück konnte das Plastikgeld die wie immer viel zu hohe Rechnung begleichen – stellt man erst zu Hause fest, dass einige der Stauden ein total verfilztes Wurzelwerk haben. Sie füllen den Topf so stark aus, dass sie die Erde fast vollständig verdrängt haben.

Vielfach sind solche Exemplare wirklich nicht mehr zu retten, aber optimistische Gärtner, die ihre Pflanzen lieben, sollten ihnen noch eine Chance geben.

Zuerst wird die Pflanze aus dem Container gelöst (bei durchgewachsenen Wurzeln muss der Kunststoff mit einer Schere aufgeschnitten werden) und kommt in ein Wasserbad. Nach etwa einer Stunde reißt man das Wurzelwerk mit der Hand vorsichtig auseinander. Dass dabei auch Wurzeln abreißen und Wunden entstehen, muss man in Kauf nehmen. Es kommt darauf an, freie Wurzelstücke zu erhalten, die man in der Erde ausbreiten kann. Beim Einpflanzen gibt man etwas mehr Humus dazu als üblich und wässert reichlicher. Nun hat das gute Stück den besten Start in ein gesundes Pflanzenleben. Um solche Experimente möglichst zu vermeiden, sollten Sie beim nächsten Kauf von Containerpflanzen vorsichtig an der Pflanze rütteln und versuchen, sie aus dem Behälter zu ziehen – dann sehen Sie die Verfilzung unmittelbar.

VÖGEL scharren die Samen aus dem Boden.

Um es gleich am Anfang zu gestehen: Es gibt tatsächlich eine Reihe Samen fressender Vogelarten, die auch einem Saatbeet Schaden zufügen können. Dazu gehören insbesondere Rabenvögel, Meisen und Finken. Daher soll der Text zu diesem Irrtum, der sich somit als Scheinirrtum ins Buch gemogelt hat, vor allem zur Fairness und Toleranz aufrufen. Vögel gehören zu den wichtigsten und liebenswertesten Nützlingen in unseren Gärten. Sie vertilgen Unmengen von Insekten und ihren Larven und erfreuen uns mit ihrem Gesang. Wenn wir es für tierlieb, fast für eine Verpflichtung halten, ihnen im Winter mit Futter zu helfen, dann sollten wir ihnen auch zugestehen, ab und zu ein paar Samenkörner zu stibitzen. Untersuchungen von Schweizer Wissenschaftlern haben gezeigt, dass Saat- und Rabenkrähen gerade einmal ein Prozent des Samens in landwirtschaftlichen Betrieben fressen. Damit sollten wir im Garten locker fertig werden!

Übrigens kann man Vögel durchaus lieben und ihnen dennoch den Zugang zum Samenbeet versperren: Breiten Sie Reisig über dem Beet aus (so hätten es unsere Großeltern versucht) oder überspannen sie das Beet mit einer Kunststofffolie (Vogelschutznetz).

VOGELSCHEUCHEN helfen gegen Kirschendiebe.

Vögel im Garten gehören eindeutig zur Gruppe der Nützlinge: Ein einziges Spatzenpaar sammelt täglich rund 900 Insekten, um seinen hungrigen Nachwuchs zu füttern. Das macht pro Jahr etwa 40.000 Schädlinge weniger, aber leider auch etliche Nützlinge weniger. Einen ähnlich hohen Futterbedarf haben auch Kohlmeisen, die geschätzte 30 Kilogramm Raupen abschleppen. Andere Vögel sammeln Unkrautsamen oder Bodeninsekten.

Alles in allem also nur Gutes über die Vögel? Nicht ganz. Insbesondere Amseln und Stare sind dafür bekannt, reife Kirschen vom Baum zu pflücken. Natürlich könnte man die angebissenen Kirschen als faires Honorar für den wohlklingenden Gesang der Amseln abschreiben, aber wer zeigt schon so viel Größe, wenn es um die Ernte geht. Also wird auch ein überzeugter Vogelliebhaber zur Erntezeit vermutlich über Schutzmaßnahmen nachdenken. Die klassische Vogelscheuche aus den Märchen macht Ihren Kindern sicher viel Spaß – Vögel bemerken hingegen rasch, dass von diesen Gestalten keine Gefahr ausgeht. Etwas länger schrecken im Wind flatternde Fäden oder glänzende Folien ab, die für mehr und unvorhersehbare Unruhe sorgen. Allerdings tritt auch bei ihnen früher oder später ein Gewöhnungseffekt ein, sodass die cleveren Vögel schon bald ihre Süßspeisen direkt neben den fröhlich flatternden Streifen suchen. Professionelle Gärtner rüsten mit Schallmaschinen auf, doch das hieße im Kleingarten wahrlich mit Kanonen auf Spatzen schießen.

Die einzige wirklich sichere Lösung ist ein dichtes Vogelschutznetz, das über den Baum gespannt wird und die Vögel fern hält. Allerdings freuen sich darüber diverse Insekten, die nun im sicheren Freigehege auf die Suche nach Pflanzen- und Fruchtnahrung gehen dürfen.

WACHOLDERBEEREN sind die Früchte des Wacholderstrauches.

Als Gewürz sind die Wacholderbeeren aus der deutschen Küche kaum wegzudenken – man denke nur an das Sauerkraut! – nur die Bezeichnung ist falsch, denn Wacholderbeeren sind nicht einmal Früchte! Der Wacholderstrauch (*Juniperus communis*) wächst wild auf mageren Heideböden und wird in Gärten meist als Säulenform gepflanzt, um kleineren Gärten mit wenig Platz etwas mehr Höhe zu verleihen. Auch als dekoratives Ausrufezeichen in Heidegärten sind er und seine Zwergformen recht beliebt.

Sofern man beim Kauf des Strauches jedoch nicht ausdrücklich nach einer weiblichen Pflanze verlangt hat, wird man im Garten allerdings keine Beeren ernten können, denn Wacholder ist eine zweihäusige Art, das heißt, es gibt männliche und weibliche Pflanzen. Zurück zu den „Beeren“: Wie bei allen Nadelbäumen ist der weibliche Blütenstand als Zapfen organisiert. Auf jeder Zapfenschuppe liegt eine Samenanlage, die nicht in einen Fruchtknoten eingeschlossen ist, also auch nicht zur Frucht auswächst. Während allerdings bei anderen Nadelbäumen der reife Samen aus dem geöffneten, trockenen Zapfen herausfällt, entwickeln sich Wacholderzapfen völlig anders: Nach der Befruchtung beginnen sich die drei obersten Zapfenschuppen fleischig zu verdicken und umschließen die Samen. Man erkennt diese Schuppen besonders gut bei frischen Wacholderbeeren an ihren dreieckigen Spitzen. Bei den Beeren im Gewürzregal sind die Zapfenschuppen dann nur noch angedeutet zu sehen.

Wem das zu kompliziert ist, kann die Beeren auch in flüssigem, hochprozentigem Zustand zu sich nehmen, denn Gin, Genever und andere Schnäpse werden aus Wacholder gebrannt.

WASSERSCHOSSE haben etwas mit Gartenteichen zu tun. Vermutlich gibt es eine ganze Reihe von Gartenbesitzern, die noch nie von einem Wasserschoss gehört haben und vielleicht denken, es läge daran, dass sie keinen Gartenteich besitzen. Weit gefehlt! Dieses Phänomen tritt vorwiegend bei Obstgehölzen auf. Ein vollkommen ungestört wachsender Baum durchläuft mehrere Entwicklungsphasen. In seiner Jugend wächst er vorrangig in die Höhe. Später entstehen stärkere Verzweigungen und der Baum bildet Blüten und Früchte, sorgt also für seine Vermehrung. Ein alter Baum wächst schwächer und auch die Blüten- und Fruchtbildung geht immer mehr zurück – bis ihm das Alter oder ein kräftiger Sturm den Rest gibt. Im Garten herrschen jedoch andere Verhältnisse. Hier sollen Obstbäume möglichst reichlich tragen und Zierbäume eine schöne Form ausbilden. Wird ein Zweig im Zuge von Schneidemaßnahmen entfernt, verschließt das

Gehölz zunächst die Wunde. Der Saftstrom kommt an dieser „Sackgasse“ zum Stehen – gewissermaßen wird das „Wasser gestaut“. Pflanzenhormone sorgen nun dafür, dass die schlafenden Knospen im Bereich der Wunde austreiben und zu Trieben auswachsen. Diese stark wachsenden Triebe nennt man Wasserschosse oder Wasserschosser. Werden sie entfernt, treiben umso mehr neue aus.

Bei den Obstbäumen kann das zum Problem werden. Dort bilden sich von Zeit zu Zeit im alten (also dicken) Holz so genannte Ständertriebe, die senkrecht nach oben wachsen und zur Konkurrenz für die Haupttriebe werden. Entfernt man sie, entstehen zahlreiche unerwünschte Wasserschosse. Besser ist es, einen Ständertrieb bis auf ungefähr 20 Zentimeter zurückzuschneiden und die Neutriebe zu entspitzen. Auf diese Weise bilden sich statt der langen Wasserschosse junge, verzweigte Triebe mit Blüten und Früchte.

Für einen gepflegten Garten braucht man einen großen WERKZEUGPARK. Würde die Gartenarbeit ausschließlich von Frauen erledigt, ginge so manche Firma für Gartenzubehör pleite! Welcher Mann geriete nicht ins Schwärmen, wenn er im Baumarkt/Gartencenter auf solche oder ähnliche Ankündigungen stößt: „Der neueste Rasenmäher XXL-GT mit xx PS, elektronisch gesteuertem Graslängensensor und voll automatischer Schnitthöheneinstellung…“. Dass solch ein High-Tech-Ungetüm im Hausgarten genauso fehl am Platze ist wie eine Betonmischmaschine für einen Riss im Wandputz, spielt dabei keine Rolle. Das Gerät wird gekauft. Natürlich braucht man auch einen Häcksler (komplett mit Helm und Gesichtsschutz), um die drei bis fünf anfallenden

Zweige professionell zu zerkleinern, ein Laubgebläse, motorbetriebene Heckenschere, Flammenwerfer für das Unkraut im Gehweg, computergesteuerte Bewässerungsanlage – die Liste ließe sich beliebig verlängern.

Für alle diese Geräte braucht man dann noch ein möglichst großes Gartenhaus und bald ist neben Grillplatz und Terrasse kaum noch Platz für Pflanzen. Stopp! Oberstes Gebot für den Kauf von Gartengeräten sollte allein der gesunde Menschenverstand sein. Kaufen Sie nur das Gerät, das Sie für eine ganz bestimmte Arbeit benötigen, kaufen Sie nicht „auf Halde“ und entscheiden Sie sich für Qualität statt für Quantität.

In den meisten Gärten kommt man mit Spaten, Grabegabel, Kultivator und Rechen aus, um den Boden zu bearbeiten; Systemgeräte (Stiel mit aufsteckbarem Werkzeugteil) sind Platz sparend und praktisch. Wenn man dann noch in einige Kleingeräte investiert (Pflanzholz, Pflanzschaufel, Handgrubber), kann man pflanzen und Unkraut jäten. Mit Gartenschere, Astschere (auch zum Zerkleinern der Zweige), Heckenschere (mechanische Geräte arbeiten präziser und leiser) und Baumsäge erledigt man alle Schneidearbeiten; ein angemessen großer Rasenmäher hält das Gras auf Länge. Nun fehlt noch ein Gartenschlauch (mit aufsteckbarem Gießstab) und eine Gießkanne, mehr braucht man nur sehr selten – zumindest bis zum nächsten unwiderstehlichen Sonderangebot.

WILDE WESPEN und Bienen sind gefährlich, weil sie schnell stechen.

Welcher Gartenbesitzer kennt nicht die folgende Situation? Sommer, Sonne, gesellige Runde, Obstkuchen, Schlagsahne ... und dann schwirren sie herbei. Wer jetzt in Panik gerät, riskiert einen Stich. Es wäre zwar leichtsinnig, die potenzielle Gefahr durch Wespen und Bienen, insbesondere für kleine Kinder und Allergiker, herunterzuspielen, aber diese nützlichen Insekten verdienen zumindest unser Verständnis – wirklich gefährlich sind sie nicht (außer für Allergiker).

Die Honigbiene versorgt uns mit Honig und leistet unschätzbare Dienste bei der Bestäubung eben jener Gehölze, deren Früchte wir auf dem Obstkuchen genießen. Sie sammelt nur deswegen „Süßes“ ein, weil sie Vorräte für den Winter anlegen muss.

Der Nutzen von Wespen ist weniger augenfällig, aber dennoch erheblich. Bei den Staaten bildenden Faltenwespen – in der Regel sind sie die Plagegeister – überwintern nur die Königinnen. Im Frühling bauen sie ein Nest, legen Eier und kümmern sich um ihren Staat, der schließlich auf mehrere Tausend Wespen anwächst. Als Futter für die Larven schaffen die Wespen Unmengen von Raupen und erwachsenen Insekten ins Nest, darunter auch viele Pflanzenschädlinge. Erst ab dem Spätsommer verändern die Wespen ihre Gewohnheiten: Nun suchen sie verstärkt für sich selbst nach süßer Beute.

Die meisten der übrigen wilden Bienen- und Wespenarten sind Einzelgänger, die zahlenmäßig kaum ins Gewicht fallen. Manche unter ihnen sind inzwischen so selten, dass sie auf der Roten Liste bedrohter Tierarten stehen. Auch sie fangen Raupen und Insekten, betäuben sie und legen sie zusammen mit einem Ei in eine Holzröhre. Wer diesen seltenen Tieren helfen möchte, sollte ihnen an einem geschützten Platz einen Holzklotz mit tiefen, ein bis zehn Millimeter breiten Bohrungen als Nistplatz anbieten.

Mit etwas gutem Willen lässt sich in jedem Garten eine WILDBLUMENWIESE anlegen.

Glaubt man der Werbung – Gärtner sind auch nur Menschen –, braucht man nichts als ein paar Samentüten mit „Wildblumenmischung“, eine leere Fläche und etwas Geduld. Ehrliche Verkäufer weisen vielleicht noch darauf hin, das man den Boden vorher „abmagern“ sollte, aber wer reagiert schon auf vorsichtige Kritik? Dabei ist es in der Tat unmöglich, eine Wildblumenwiese im normalen Reihenhausgarten zu verwirklichen! Die Pflanzengesellschaft, um die es hier geht, kann sich nur auf mageren (sehr nährstoffarmen) Böden entwickeln, besonders prachtvolle Wiesen brauchen sogar basische Böden (pH 8,5 – Kalkmagerrasen). Für eine Wiese sind unsere Gartenböden viel zu nährstoffreich. Zum anderen verlangt eine Wildblumenwiese nach viel Platz; 200 Quadratmeter wären nicht schlecht, 400 Quadratmeter deutlich besser. Schließlich darf man die Wiesen während des Wachstums nicht betreten und braucht zum Mähen entweder die gute, alte Sense oder einen kostspieligen Balkenmäher. Hausbesitzer mit parkartigen Grundstücken, auf denen vielleicht noch Jahrzehnte alte Obstbäume stehen, dürfen ruhig weiter von einer Wildblumen- oder Streuobstwiese träumen. Allen übrigen Gartenbesitzern bleibt nur eine stark verschlankte Version übrig.

Alternative 1: Legen Sie ein Wildblumenbeet an. Dazu mischt man die Gartenerde mit reichlich Sand und sät Wildblumen aus. Für ein Jahr darf man sich nun an seiner „Wiese" erfreuen; im nächsten Jahr sät man neu aus.
Alternative 2: Opfern Sie einen Randbereich Ihres gemähten Rasens, stellen Sie das Mähen ein und pflanzen Sie Zwiebel- und Knollenpflanzen sowie heimische Stauden für den Sommer. Mit etwas Glück siedeln sich Gänseblümchen und ein paar robuste, blühende Kräuter an. Diese Fläche wird zwar nicht so üppig wie eine Wildblumenwiese ausfallen, aber der sprichwörtliche Spatz in der Hand ist auch ein hübscher Vogel.

WURZELUNKRÄUTERN wird man nur durch Ausgraben Herr.

Wenn es überhaupt ein Feindbild im Garten gibt, dann gehören die Wurzelunkräuter zu den Terroristen. Man glaubt, sie entfernt zu haben, schon sind sie wieder da; man gräbt sie aus, kurz darauf erscheinen wieder ihre grünen Blätter. Ihre Überlebensstrategie ist einfach, zweckmäßig und sehr effektiv: Wurzelunkräuter, wie Ackerwinde, Distel, Giersch, Löwenzahn oder Quecke, gehören zu den Stauden, das heißt. sie überwintern mit unterirdischen Speicherorganen. Als gut an unser Klima angepasste Arten sind sie den Zierpflanzen überlegen und werden über kurz oder lang jede Staudenpflanzung überwuchern.

Es ist zwar prinzipiell möglich, sie auszugraben, doch in der Regel wird man mit dieser Strategie grandios scheitern. Viele dieser Plagegeister können nämlich auch aus kleineren Wurzelstücken austreiben. Daher ist es auch kaum möglich, den tief wurzelnden Löwenzahn nachhaltig auszurotten. Wurzelunkräuter kann man nur mit ihren eigenen Mitteln schlagen.

Strategie 1 (in bereits bepflanzten Beeten): Da der Neuaustrieb auf die gespeicherten Nährstoffe der Wurzel angewiesen ist, sollte man die jungen Blättchen möglichst rasch und vollständig entfernen. Auf diese Weise können sie kaum Nachschub für die „Vorratskammer“ liefern. Ausgraben kann hilfreich sein, schlägt aber gelegentlich ins Kontraproduktive um: Die im Boden verbliebenen Wurzelstücke treiben nicht nur aus, sondern verzweigen sich sogar – eine echte Wurzelhydra. Auch wenn diese Strategie langwierig und frustrierend erscheint, letztlich wird sie erfolgreich sein.

Strategie 2 (auf neu zu bepflanzenden Stellen): Auch diese Strategie basiert auf der begrenzten Verfügbarkeit von Nährstoffen in den Wurzeln. Man gräbt die entsprechenden Stellen um und entfernt möglichst viele Wurzeln. Dann wird die Fläche mit einer lichtdichten, schwarzen Folie abgedeckt (Teichfolie ist gut geeignet). In der konsequenten Dunkelheit unter der Folie treiben zwar Unkräuter aus, gehen aber sofort wieder ein. Im Folgejahr kann man die nun weitgehend unkrautfreie Fläche bepflanzen.

ZIERÄPFEL sind giftig oder zumindest ungenießbar. Wer sich die Mühe macht, nach dem Stammvater oder der Stammmutter unserer Äpfel zu suchen, dürfte eine Überraschung erleben. Inzwischen gehört der heimische, Dornen tragende Holzapfel (*Malus sylvestris*) nämlich zu den Seltenheiten in unserer Flora – im Garten wird man ihn schon gar nicht finden. Erst durch immer wieder neue Kreuzungspartner entstanden letztlich unsere Kulturäpfel mit ihren zahlreichen Sorten. Im Unterschied zum Holzapfel stammen die eigentlichen Zieräpfel entweder direkt aus Asien oder wurden zumindest doch durch Kreuzungen mit asiatischen Arten gezüchtet. Obwohl der Gartenwert dieser Formen vor allem in der üppigen Blüte besteht, bilden sie selbstverständlich kleine Apfelfrüchte aus, die der ganzen Gruppe den Namen „Kirschäpfel" gaben. Giftige Inhaltsstoffe sind fast immer Merkmale bestimmter Pflanzenfamilien. Tatsächlich sind in den Samen und Blättern der Rosengewächse Giftstoffe enthalten. Zum Glück für uns beinhalten die meisten Arten aber nur extrem wenig Gift und das Fruchtfleisch der Obstsorten wie Birne, Brombeere, Erdbeere, Himbeere ist ohnehin völlig ungiftig.

Die kleinen Kirschäpfel sind zwar härter als die Kulturäpfel, sehr herb und äußerst sauer, lassen sich aber zu vitaminreichen Säften und leckeren Gelees und Konfitüren verarbeiten.

ZIERQUITTEN sind Zuchtformen der Quitte.

Wie lautet eine alte Volksweisheit? Knapp daneben ist auch vorbei! Sowohl die Zierquitten als auch die echte Quitte sind Rosengewächse. Somit sind sie zwar relativ nahe miteinander verwandt, gehören aber dennoch unterschiedlichen Gattungen an. Keinesfalls sind Zierquitten eine Zuchtform der Quitte!

Die echte Quitte (*Cydonia oblonga*) stammt aus der Region um Iran und Turkestan, wird aber wegen ihrer Früchte schon seit vielen Jahrhunderten in Europa kultiviert. Obwohl sie durchaus hübsches Herbstlaub entwickelt, käme wohl niemand auf die Idee, eine Quitte als Zierstrauch oder -baum zu pflanzen. Ihre mehr als apfelgroßen Früchte sind roh ungenießbar, eignen sich aber hervorragend als Grundlage für Gelees, Marmeladen und Kompotte.

Die vier Arten der Zierquitte (*Chaenomeles*) stammen dagegen aus Ostasien und gelangten erst gegen Ende des 18. Jahrhunderts in die europäischen Gärten. Sie wachsen strauchförmig und werden ausschließlich wegen ihrer prachtvollen, großen Blüten gepflanzt. Ihre unscheinbaren Früchte erreichen maximal die Größe eines Tischtennisballes. Obwohl man sie meist am Strauch hängen lässt, könnten sie ähnlich wie echte Quitten weiter verarbeitet werden. Allerdings sind sie, ähnlich wie die echten Quitten, viel zu herb für einen direkten Verzehr. Sie lassen sich jedoch problemlos zu Kompott, Gelee oder Saft verarbeiten. Am besten schmecken sie übrigens, wenn man sie anderen Fruchtgelees als Zusatz beimischt. Wer den etwas herben Geruch schätzt, kann Zierquitten auch vorsichtig trocknen und sie für einen Duftcocktail in der Wohnung verwenden.

Besonders viele Sorten wurden von *Chaenomeles* x *superba* gezüchtet, die einer Kreuzung aus *Chaenomeles japonica*

und *Chaenomeles speciosa* entstammt. Zierquitten sind auch für kleine Gärten oder ungünstige Standorte interessant, da sie klein bleiben und auch im Halbschatten und auf allen normalen Gartenböden gedeihen. Manche Sorten erreichen nur knapp einen Meter Höhe, andere bringen es auf fast zwei Meter. Zur Blütezeit im Frühling (die meisten Sorten blühen zwischen März und April) scheinen sie fast unter ihren intensiv gefärbten Blüten zu versinken. Trotz ihrer Fremdheit schätzen unsere Bienen das frühe Angebot. Bis auf die veredelten Sorten, bei denen Wildtriebe gekappt werden müssen, brauchen Zierquitten keinen Schnitt, sondern wachsen zu lockeren, sehr natürlich aussehenden Sträuchern heran. Nur sehr alte Sträucher vertragen eine gelegentliche Auslichtung.

ZUCCHINI sind eine Gurkensorte.

Wenn die beiden im Supermarkt einträchtig nebeneinander liegen – länglich, grün, leicht gebogen –, sehen sich Gurke und Zucchini recht ähnlich. Auch bei ihrem Anblick im Garten lassen sich gewisse verwandtschaftliche Beziehungen nicht leugnen. Erst bei genauerer Betrachtung schleichen sich Zweifel ein: Gurken klettern mit Ranken an einer Unterlage hoch, Zucchini nicht; auch Blätter und Blüten scheinen sich zu unterscheiden. Ähnlichkeiten sind tatsächlich vorhanden, da beide zur Familie der Kürbisgewächse gehören, allerdings zu unterschiedlichen Gattungen. Auch wenn der Vergleich nicht ganz strengen Kriterien standhält, Gurken und Zucchini sind ebenso nahe miteinander verwandt wie Schimpanse (Gattung *Pan*) und Mensch (Gattung *Homo*). Die wilden Vorfahren der Gurke (*Cucumis sativus*) stammen wahrscheinlich aus Indien; sie wurden seit langem zu den unterschiedlichsten Sorten gezüchtet. Die Zucchini ist dagegen keine eigene Art, sondern eine Varietät des Gartenkürbis mit dem wohlklingenden, wissenschaftlichen Namen *Cucurbita pepo* convar. *giromontiina* und gehört damit zur selben Art wie zum Beispiel der 60 Kilogramm schwere Herkuleskürbis. Obwohl die Wildform des Kürbis ihren Ursprung in Mittel- bis Nordamerika hat, wurde die Zucchini erst in vergleichsweise jüngerer Zeit in Italien gezüchtet. Trotz ihrer mediterranen Herkunft kommt sie mit dem rauen Klima des Nordens gut zurecht und ist inzwischen in vielen Gärten zu finden.

Als Starkzehrer brauchen Zucchini ein nährstoffreiches Beet, in das man im Abstand von etwa einem Meter jeweils zwei bis drei Samen in ein kleines Loch legt (die erwachsene Pflanze braucht mit ihren großen Blättern reichlich Platz!). Dann muss man abwarten, reichlich bewässern und während der Hauptwachstumsphase noch einmal düngen. Besonders zart und lecker schmecken die Zucchini, wenn sie klein geerntet werden (15 bis 20 cm). Größere Exemplare – manche Sorten bilden wahre Riesen aus – enthalten zwar einen höheren Kernanteil, schmecken aber fast genauso gut.

Zucchini lassen sich hervorragend an Stelle von "echten" Kürbissen vor (!) einen Komposthaufen pflanzen. Ihre breiten Blätter beschatten die reifende Rotte. Sie machen sich aber auch gut zwischen Stangenbohnen oder als Kontrast zu hoch aufschießenden Maispflanzen (die beiden vertragen sich übrigens hervorragend).

Überhängende ZWEIGE des Nachbarbaumes dürfen abgeschnitten werden.

Es gehört zum Wesen eines jeglichen Rechtssystems, dem Einzelnen die Selbstjustiz zu untersagen. Für Ermittlung, Verhandlung und Bestrafung ist allein der Staat zuständig. Umso überraschender, dass sich im Gar-

ten (Nachbarschaftsrecht) Reste von Wildwest-Justiz erhalten haben. Zweige, die in den Luftraum des Nachbargrundstücks eindringen oder Wurzeln, die sich nicht an Grenzen halten, dürfen in der Tat straflos entfernt werden. Allerdings stutzen zwei wichtige Einschränkungen den Garten-Cowboy auf das rechte Maß zurück:
Zunächst kommt es eben nicht darauf an, dass man sich „einfach nur" gestört fühlt, sondern Äste oder Wurzeln müssen nachweislich den Wert oder die Benutzung des betroffenen Grundstücks mindern. Dieser Beweis ist nicht ganz einfach zu führen. Relativ eindeutig wäre eine verirrte Wurzel, die ein vorhandenes Glashaus mit wertvollen Orchideen zu beschädigen droht oder kurz davor steht, eine Teichfolie zu durchwachsen.
Ähnlich eindeutig dürfte der Fall bei überhängenden Zweigen liegen, die eine Regenrinne bedrohen oder ein Gemüsebeet beschatten. Selbst dann darf man noch nicht rachsüchtig zur Axt greifen. Zunächst muss man dem Eigentümer eine angemessene Frist setzen, innerhalb derer er Äste oder Wurzeln beseitigen muss. Diese Frist muss übrigens pflanzengerecht sein. Man darf also nicht verlangen, dass der Besitzer einen belaubten oder gar Früchte tragenden Ast im Sommer absägt. Erst wenn diese Frist verstrichen ist, darf man – nun straflos – Äste und Wurzeln selbst absägen. Selbst wenn dabei Folgeschäden am Baum entstehen sollten, kann der „Cowboy" nicht zur Verantwortung gezogen werden. Immerhin hatte der Baumbesitzer Gelegenheit, die Arbeit selbst und professioneller durchzuführen.

ZWIEBELLAUB muss man im Sommer niederlegen.

Küchenzwiebeln sind Speicherorgane der Zwiebelpflanze (*Allium cepa*). Sie bestehen aus schuppenartigen, verdickten Blättern, die um einen gestauchten

Spross stehen. Der Aufbau einer solchen Zwiebel wird deutlich – etwas Botanik muss auch in der Küche sein –, wenn man eine Küchenzwiebel von der Spitze bis zu den anhängenden Würzelchen längs aufschneidet. Treibende Zwiebeln mobilisieren ihre Reservestoffe aus den Schuppenblättern, der Spross wächst in die Höhe und bildet Blüten und Samen. Nun pflanzen (Setzzwiebeln) und säen (Saatzwiebeln) wir unsere Zwiebeln nicht unbedingt, um uns an den hübschen Blüten zu erfreuen – wir wollen dicke, saftige, gesunde Zwiebeln für unsere Salate und Speisen. Zwiebeln kann man aber erst dann ernten, wenn das oberirdische Laub welkt und vergilbt.

Vor allem in feuchten Sommern helfen ungeduldige Gärtner der Natur gerne etwas auf die Sprünge: Sie treten das Zwiebellaub kräftig auf die Erde oder knicken die Pflanze um. Für die Zwiebelpflanze bedeutet diese Behandlung heftigen Stress: Die „Fotosynthese-Abteilung“, die bisher für den kontinuierlichen Nachschub an Nährstoffen für das nächste Frühjahr sorgte, funktioniert nur noch eingeschränkt. Also schaltet die Zwiebel auf „Reife“ um. Alles was noch brauchbar ist, wird jetzt in die Blattspeicher abtransportiert, das Laub welkt, die Zwiebel kann geerntet werden, der Gärtner freut sich – allerdings nicht für lange. Die Stunde der Wahrheit schlägt in der Küche.

Zwiebeln, die aus einer solchen Notreife hervorgehen, sind nicht so gehaltvoll und haltbar wie eine langsamer und natürlich gereifte Zwiebel. Geben sie daher ihren Zwiebeln alle Zeit, die sie brauchen!

REGISTER

William Graffam

Ach, du liebes Grün!

112 S., €/D 12,95
ISBN 978-3-440-12994-4

Wer ein Leben lang glücklich sein möchte, der werde Gärtner ...

William Graffam, Pastor und passionierter Stadtmensch, hat da seine Zweifel. Gestrandet in einer Dorfpfarrei, sieht er sich konfrontiert mit einem riesigen Stück Brache – und dem seit Jahren gehegten Wunsch seiner Frau nach einem Garten. Zwar kann Graffam einen Rasenmäher nicht von einem Vertikutierer unterscheiden, aber angetrieben vom sehnlichen Verlangen seiner Frau und unter den argwöhnischen Augen seiner Gemeinde verwandelt er den Acker rund ums Haus in ein Gartenparadies. Ein amüsantes Lesevergnügen.

kosmos.de

KOSMOS

Wolfgang Hensel

Der kleine Schädlingsschreck

112 S., 45 Abb., €/D 7,95
ISBN 978-3-440-12613-4

Das haut den stärksten Schädling um

Schädlinge bringen jeden Gärtner durch ihre Vielzahl und mutmaßliche Unbesiegbarkeit gerne zur Verzweiflung. Aber oft lässt sich der Feind im Beet schon an seinen verräterischen Spuren erkennen und der Gärtner kann vorbeugend eingreifen. Mit cleveren Tricks vermittelt dieser Ratgeber wirkungsvolle Möglichkeiten, mit denen Gartenfreunde im Kam

KOSMOS

kosmos.de